KB188919

하나님과 주고받는 소소한 이야기

오늘도

Talk Talk 톡톡

QT 할까요?

임혜재 지음

바이북스†
ByBooks

오래전부터 참 많은 분들이 책을 좀 써보라고 얘기를 하곤 했습니다. 그때마다 저는 한결같은 대답을 하곤 했지요.

"저는 설명하는 것에 약해요. 글도 길게 쓰지를 못해요."

2020년 코로나 속에 다섯 분의 지인이 해준 말 덕분에 이 작은 책이 나오게 되었어요. 4월 7일, 첫 번째 지인이 책을 쓰라고 권했을 때, 혹시 제 글을 읽고 스케치를 해줄 수 있는 사람을 자연스럽게 만나면 하나님이 책을 쓰라는 사인으로 알겠다고 대답했습니다.

7월 7일

두 번째 지인의 권유 후에 저는 같은 대답을 했겠지요? 그러자 그분이 말했어요.

"스, 스케치요? 제가 취미로 스케치를 하거든요?"

외 눈 박 이

… 한 쪽 눈은 세상을 향해

나머지 한 쪽 눈은 나만 바라보며 살아가리

그리고 헤어진 후 그분은 〈외눈박이〉라는 제 글을 읽고 그려보았다는 스케치를 보내왔어요. 오케스트라 팀장인 그 지인의 스케치는 제게 용기를 한소끔 뿌려주는 것 같았지요.

11월 3일

세 번째 지인과 미술 전시회를 갔었어요. 그는 책을 쓰라는 얘기를 하면서 제 글이 함축적이어서 좋다는 것 있죠? 또 한소끔 용기를 얹어 주는 것 같았어요.

11월 16일

네 번째 지인이 또 책을 쓰라고 하더니 손사래를 치는 제게 하는 말?

"책 쓰는 게 그렇게 부담스러우면 그동안 와플 QT 책에 써온 〈톡톡QT〉를 책으로 만들면 되잖아요?"

머릿속에서 딩~ 소리가 기분 좋게 나는 것 같았어요.
그리고 2021년이 밝았습니다.

1월 10일

이번에는 제가 다섯 번째 지인에게 조심스럽게 와플 〈톡톡QT〉
를 책으로 내라는 말을 들었는데 어떻게 할까 물었지요. 지인은
"You should do it! 글은 참 좋아요!"라고 말했습니다. 왜냐하면
그 지인이 제게 책 쓰기를 제일 많이 권했었거든요. 그리고 그 다
섯 번째 지인이 바이북스 대표님을 소개해주었어요.

QT를 통해 하나님이 어떤 분이신지 알아갑니다, 조금씩.
QT를 통해 하나님이 하시는 일을 깨닫곤 합니다, 조금씩.

하나님이 너무도 두려운 존재로 가까이 가고 싶지 않은 분께

하나님이 너무도 추상적인 존재로 생각되는 분께

"하나님은 언제 어디서나 우리와 함께하시며
우리가 서로 도와주면서 사는 것을 기뻐하시는 것 같다"고 말
해주고 싶습니다.
그래서
제가 붙인 하나님의 별명인 '비밀친구'를 함께 공유하면 좋겠
습니다.

하나뿐인
나의
님이신 그분을.

차례

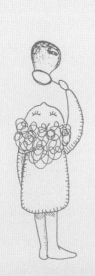

chapter 2

가족이라는 행복

chapter 3

베푸신 은혜에 감사

chapter 4

함께 기도하는 사람들

chapter 1

모든 게

하나님의 선물

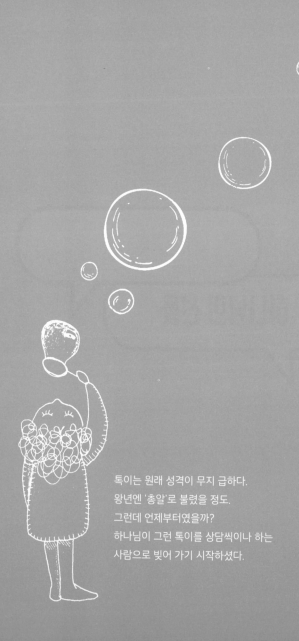

톡이는 원래 성격이 무지 급하다.
왕년엔 '총알'로 불렸을 정도.
그런데 언제부터였을까?
하나님이 그런 톡이를 상담씩이나 하는
사람으로 빚어 가기 시작하셨다.

Q~!

군복무 중이던 청년이 탔던 차가 계곡으로 떨어졌단다. 머리를 다친 아들…… 예배 후 부모님이 앞으로 나오셨다. 목사님과 함께 기도드렸다. 며칠 후.

톡이: 주님~ 그 청년을 꼭 한번 보고 싶어요. 언제 갈지 'Q~!'만 주세요.

3/7(금)

외국인, 과부, 고아, 가난한 동족의 필요를 따뜻하게 살피며 살라는 〈출애굽기〉 QT. 아들의 사고 후 이제까지 어떻게 2년을 지내셨을까? 그 마음이 어떠하실까?

"그가 내게 부르짖으면 내가 들을 것이다. 나는 자비로운 자이다."

(출애굽기, 22:27)

3/8(토)

청년의 부모님께 드릴 작은 선물 준비. 선물 넣을 작고 예쁜 쇼핑백 사려던 것 깜빡했음. 어떡하지?

3/9(일)

예배 후 톡이 방(303호)으로 올라갔다. '똑똑' 노크소리. 작고 예쁜 쇼핑백에 담긴 수제 캔디 한 병을 선물 받음. 톡이가 준비했던 선물을 넣어보니 딱이다. 'Q~!'

3/10(월)

서울에 있는 병원으로 갔다. 물리 치료 후 동생의 휠체어를 밀고 돌아오는 형을 만났다. 사고 후 전혀 미동도 못했지만 기적처럼 조금씩 인지가 돌아오고 있단다. 형과 잠깐 이야기를 나눈 톡이.

🅣 톡이: 주님~ 형이 언젠가 꼭 다시 교회에 나갔으면 좋겠어요.

그가 내게 부르짖으면 내가 들을 것이다.
나는 자비로운 자이다.

3/12(수)

부모님과 형에게 줄 책 두 권 준비.

🗨 톡이: 주님~ 그분들이 이번 주일에 교회 나오시나요? 그러면 예배 후 앞으로 나오게 해주세요. 모시고 제 방으로 가서 책 선물할게요.

3/16(일)

예배 후 앞으로 나오셨다. 'Q~!' 함께 방으로 올라가서 책 선물함.

3/17(월)

🗨 톡이: 주님~ 그 어머니와 한번 이야기 나누고 싶은데…… 제가 전화하기가 아직 좀 쑥스럽네요?

3/20(목)

어머님 전화. 'Q~!' 교회 근처에 있는 회사로 심방 감. 목련꽃잎 차를 함께 마시며 이야기.

4/6(일)

1부 예배 중 휘리릭 청년의 부모님께 전화하는 톡이.

> T 톡이: 혹시 오늘 2부 예배 오시나요? 잠깐 뵙고 함께 기도하고 싶
> 어서요.

4/8(화)

아들이 수술 예정이라는 기도 제목을 나눠 주신다. 'Q~!' 예
배 후 방에 올라가 함께 기도드렸다. 기도 후 아버님 마음이 많이
편해지셨단다.

4/8(화)

수술 후 문자가 왔다.

'수술 경과가 좋아 중환자실 안 가고 병실에 있어요~ 기도 덕분입니다.'

센스쟁이!

사람과 만나면 대화를 한다(소통).

대화를 많이 하는 사람들에게는 공통점이 있다(친밀함).

QT는 하나님과의 만남(대화)을 통해 서로 소통하며 친밀해지는 것 아닐까?

순천의 생태공원에서 추석을 맞았다.

9/8(월)

다윗에게 하신 하나님의 약속대로 왕이 된 솔로몬. 기브온에서 천 마리의 짐승을 잡아 번제를 드린 날 밤.

> "그날 밤, 여호와께서는 '내가 네게 무엇을 주었으면 좋겠는지 말해 보아라' 하고 말씀하셨습니다."(열왕기상. 3:5)

솔로몬은 백성들을 돌보기에 가장 필요한 지혜를 구했고 하나님은 솔로몬에게 그 지혜와 더불어 부귀와 명예도 주셨다.

🅣 톡이: 주님, 솔로몬이 구한 지혜는 바로 영적인 센스가 아닐까요? 저도 하나님의 센스쟁이가 되고 싶어요. 또 솔로몬에게 부귀와 명예도 덤으로 주셨는데 저한테도 추석 선물 좀…… huh?

🅖 주님: …….

Q.T 후 시골길 산책 시작.

길가 풀 옆에 CD 하나가 떨어져 있네? 주워 보니 살짝 비에 젖어 있었다. 버릴까 말까 하는데 CD에 쓰인 글씨가 너무 예쁘다. 하나님이 주신 추석 선물이 아닐까?

IRUMA

1.Eve   2.Hope   3.Journey

4.Joy   5.Letter   6.Loanna

7.Love   8.Piano   9.Present

10.Ribbonized   11.Sky

까꿍~!

톡이는 원래 성격이 무지 급하다. 왕년엔 '총알'로 불렸을 정도.

그런데 언제부터였을까? 하나님이 그런 톡이를 상담씩이나 하는 사람으로 빚어가기 시작하심이.

월, 화, 수, 금, 토, 일……. 지난 한 주일은 목요일 하루를 빼고 일대일 상담을 했다.

4/27(월)

톡이가 좋아하는 사랑의 언어? 깜짝 선물.

🅣 톡이: 하나님~ 살짝 에너지가 빠진 듯……. 깜짝 선물로 에너지 Up 시켜 주세요!

하나님께 쫑알거리며《WAFL》QT를 열었다.

이사야의 기도 소리.

> "이스라엘(우리)의 죄를 용서해주세요. 너무 고통이 심하니
> 제발 침묵하지 말고 어떻게 좀 도와주세요."

하나님의 볼멘소리.

> "내가 침묵했다고? 내가 아무리 불러도 너희(이스라엘)가 언
> 제 들은 척이라도 했니?(이사야, 65:1)
> 나는 내게 물어오지도 않던 사람들에게도 대답해주었다. 나
> 를 찾지도 않던 사람들도 내가 만나주었다. 내 이름을 부르
> 지도 않던 나라에게 '내가 여기 있다(까꿍). 내가 여기 있다
> (까꿍)'라고 말했다.(이사야, 65:2)
> 내가 하루 종일 팔을 벌리고 내 백성을 맞을 준비를 하였으
> 나 그들은 거역하며 자기들 멋대로 악한 짓을 하고 있다."

까꿍~! 팔 벌리고 다가가실 때마다 번번이 외면당하셨던 하나
님……. Pathos(연민)…….

🅣 톡이: 하나님~ 제 평생 하나님을 외면하지 않도록 순간마다 저를 붙들어주세요. 오늘도 깜짝 선물로 '까꿍~!' 해주실 하나님을 기대할게요.

카톡이 왔다. 에그(egg)머니 이게 머니? 새가 알을 낳은 사진이 '까꿍~!' 카톡으로 왔다. 요한 목사님의 어머니가 사시는 수원집에 새들이 둥지를 틀더니 에그에그 알을 낳았단다.

하나님과 톡이와의 깜짝 코드 동물은? 새.

깜짝 코드 숫자는? 5.

하나님이 새 알 5개를 보내주셨다. 까꿍~!

카톡이 왔다. 에그(egg)머니 이게 머니?
하나님이 새 알 5개를 보내주셨다. 까꿍~!

선물!

7/26(일)

오후에 한 예쁜이가 전화를 했다. 투병 중이시던 시어머님이 몸을 못 가누신다고. 결국 아들 며느리는 119를 불러 어머님을 대전의 한 병원 응급실로 모셨다.

톡이와 짝꿍이 함께 저녁(냉면)을 먹으러 나가는 길. 삐리리~ 왠지 식당 대신 응급실을 가봐야 할 것 같은 마음이 들었다.

🅣 톡이: 여차여차 sorry.

😃 짝꿍: 끄덕끄덕 ok. 응급실.

말씀도 못하셨다던 어머님은 똘망똘망한 눈으로 "아이, 왜 또 오셨어요?" 하며 곱게 눈을 흘기셨다. 그리고 7시 55분. 어머님은 예수님을 영접하셨다.

9/29(화)

추석이 왔다. 톡이는 가족과 함께 룰루랄라 펜션으로 떠났다. 그런데 예쁜이의 시어머님이 서울의 한 병원에서 소천하셨다고 연락이 왔다.

《WAFL》QT.

리더십에 도전하는 이스라엘 백성들. 하나님은 그 백성들 앞에서 아론의 지팡이에 싹이 나고 살구 열매를 맺게 하신다. 그렇게 아론의 리더십을 세워주신 하나님이 그에게 말씀하신다.

> "나는 이스라엘 백성 가운데서 너희 친척인 레위 사람들을 택하여 너희에게 선물로 주어 나에게 헌신하게 하고 성막 일을 하게 하였다."(민수기, 18:6)

일도 사람도 모두 모두 하나님의 선물이다. 이런 생각(QT)을 하며 펜션 주변 산길을 걷던 톡이.

🅣 톡이: 하나님~ 조금 있다 병원에 위로예배 드리러 서울에 갈 텐데 저

~ 밤 3알만 선물로 줍게 해주세요.

그렇게 주운 밤 3알……. 톡이
손바닥에 꼬옥 안고 산길을 내려왔다.
톡이가 예쁜이의 어머님을 찾아간 일도, 예수님을 전한 일도
모두 모두 하나님의 선물이다. 그런데 선물 중에 선물은 하나님
이 베푸시는 구원이다. 선물 중에 선물은 사람이다. 우리 모두는
서로에게 선물이다. 톡이가 좋아하는 작가의 책을 펼치니 작가의
사인과 글씨가 눈에 쏘옥.

'You are a true
gift to this world……'

전복을 한 박스 선물로 받았다. 앗싸~ 전복죽! 신나는 순간, 아침 QT가 떠오르네?

한 성경도사가 예수님을 찾아와 영생에 관한 질문을 한다. 예수님은 그에게 대답 대신 두 개의 질문을 하신다.

1. 성경에 무엇(what)이라 쓰여 있니?
2. 성경을 어떻게(how) 읽었니? (누가복음 10:26)

예수님은 1번 질문에만 대답(하나님 사랑! 이웃 사랑!) 하는 성경도사에게 말씀하신다.

"1번은 A$^+$이구나. 2번은 성경대로 실천하며 살라는 뜻이란다."

그리고 예수님이 선한 사마리아인 이야기를 들려주시는 내용의 QT.

🅣 톡이: 주님~ 전복죽을 누구한테 주라는 말씀이신지?

🅖 주님: 아무개(아무개는 미국에서 홀로 나와 어머니를 하늘로 보냈다. 그 후 큰 수술을 받고 투병 중인 한 아빠다).

교회에서 엄마목사로 불리는 톡이. 하지만 전복죽을 한 번도 끓여본 적이 없으니 어떡한다? 밤 9시 반, 카톡이 떴다. 일주일 전에 교회에 등록한 예쁜이가 웬일?

🅚 카톡: 엄마, 힘들어서 불렀습니다.

🅜 엄마: 잘 불렀어요.

🅚 카톡: 삶은 혼자 몫이니, 죽을 용기도 없으니 살아지겠죠.

엄마는 튀어갔다. 4층 원룸. 예쁜 타일로 만들어진 나무 식탁은 예쁜이 작품이란다. 삶이 하도 힘들어 그 밤에 4층에서 뛰어내리고픈 생각뿐이었다는 예쁜 딸. 요리할 때 제일 행복하고 요리사가 꿈이라는 예쁜 딸. 딸의 눈물을 닦아주고 돌아오니 밤 12시가 조금 넘었다.

이튿날 아침. 엄마의 재료와 예쁜 딸의 솜씨가 한소끔 전복죽이 되었다. 마술처럼! 그리고 전복죽은 홀로 투병 중인 한 아빠에게 전해졌다. 죽 쑤는 인생, 사랑의 죽!

까꿍~!!

7남매 막내로 부모님의 말씀 사랑을 듣고 자란 톡이. 친정아버지는 하늘 이사 전, 7남매에게 말씀을 한 구절씩 선물로 주셨다.
톡이는?

"내가 너와 함께하여 네가 어디로 가든지 너를 지킬 것이며 너를 다시 이 땅으로 돌아오게 하겠다. 내가 너에게 약속한 것을 다 이행할 때까지는 너를 떠나지 않을 것이다."(창세기, 28:15)

그 후 하나님은 이 약속의 말씀을 '까꿍~' 속에 지켜 가신다.

까꿍1

감기가 왔다. 입맛이 뚝 떨어졌다. 만약 비타민 같은 알약 한 개로 하루를 살 수 있다면 얼마나 좋을까? 이겨내야지! 결심 후 나름 열심히 입맛 당기는 곳을 찾았다. 황태탕, 비빔냉면씩이나 먹어도 감기는 꿈쩍도 안 하니, 쯧.

토요일

언젠가 갔던 맛집 동치미가 떠올라 튀어갔다. 그런데? 분명 그 동치미는 맞는데 쓰다. 국물도 동치미 무도 쓰다.

일요일

예배 후 콩콩 뛰어다니다가 기운이 포옥 꺼진 톡이. 방에 들어가 잠시 쉰 후 문을 열고 나오는데 딱! 한 예쁜이와 마주쳤다.

😊 예쁜: 어머 지금 4층 주방 냉장고에 동치미를 넣어두었어요.

🎵 톡이: 도……동치미? 웬 동치미?

교회를 오려는데 예쁜이 마음에 갑자기 톡이가 떠올라 퍼왔단다. 덕분에 이틀 동안 입맛이 꽤 돌아왔다. 하지만 기운이 없기는 마찬가지.

그런데 이번엔 전복회가 먹고 싶어지는 톡이. 어쩌다 서울에서 한 번 먹었던 전복회, 뽀각뽀각 식감에 침이 고인다. 평소 건어물 등을 주문하는 곳을 알려주곤 하던 예쁜이한테 전화를 해보았다.

> 🔵 톡이: 혹시 싱싱한 전복을 주문하는 곳 알아요?
>
> 😊 예쁜: 아니 무슨 소리? 큰일 나요! 감기 앓을 땐 면역력이 떨어지잖아요? 그럴 때 회를 먹으면 노로 바이러스 걸려요! 전복은 꼭 익혀서 먹어야 돼욧!

수요일

기도스쿨 저녁 강의가 있어서 준비 중에 따르릉. 함께 성경공부를 하는 또쁜이 전화.

> 😊 또쁜: 오늘 저녁 함께 드실 수 있어요? 전복탕을 잘 하는 집이 있어서요.

비 오는 저녁, 펄펄 끓는 전복탕 맛이라니 캬. 전복 2개를 건져 먹고 국물도 완전 다 마셨다. 게다가 주문해놓은 버터구이 전복을 3개씩 먹이네? 톡이 생애 처음으로 한꺼번에 전복을 5개씩 먹었다. 드디어 감기 항복!

까꿍 3

한 싹싹이가 귀여운 볼펜을 선물로 주었다.

😊 싹싹이: 우리 교회 엄마목사님이 있어서 너무너무 따뜻해요!

동치미랑 전복으로 다시 쌩쌩해진 톡이. 엄마의 세상은 넓고 할 일은 많다. 아침엔 톡이 방을 찾아온 딸 눈물 닦아주며 함께 울고. 저녁엔 수술 후 회복중인 아들 병원에 뛰어가서 함께 웃고.

보이지 않는 하나님이 우리와 함께하시는지를 어떻게 알 수 있느냐고? 톡이의 대답.

하나) 성경을 통해서.
두울) 하나님이 기뻐하시는 일을 통해서.

성경을 통해서?

2006년 2월초 어느 날

한 청년(JQ)이 톡이 옆에 앉았다. 어찌나 땀 냄새가 지독하던지 속으로 쫑알. '아침부터 웬 냄새? 샤워도 안 하고 나왔나?' 싶었는데 무언가 사연이 있을 것 같아 함께 커피. 대학원에서 공부를 하던 JQ는 학교에서 알바로 청소를 해왔단다. 새벽 5시부터 말이다.

2006년 2월 15일 ✝ 수요일 QT(성경)

사랑하는 제자들과 마지막 저녁을 나누신 후, 대야에 물을 담아 제자들의 발을 씻기시는 예수님.

> "유월절 전에 예수께서는, 자기가 이 세상을 떠나서 아버지께로 가야 할 때가 된 것을 아시고, 세상에 있는 자기의 사람들을 사랑하시되, 끝까지 사랑하셨다."(요한복음, 13:1)

🅣 톡이: 주님~ 저는 누군가를 끝까지 사랑할 자신이 없어요. 그러니 오늘, 오늘 하루만이라도 제가 누구를 사랑하기 원하세요?

🅖 주님: ……

(순간, JQ에게 50불을 주고픈 마음이 들었다.)

왜 그런 마음이 들었는지 의아했지만, 그냥 JQ를 만나 50불을 넣은 카드와 작은 책을 선물했다. JQ로부터 이메일(e-mail)이

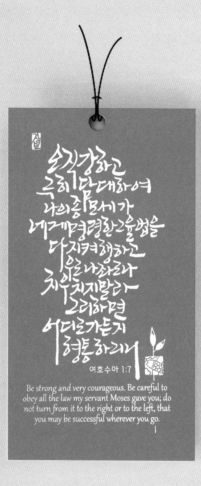

여호수아 1:7

Be strong and very courageous. Be careful to
obey all the law my servant Moses gave you; do
not turn from it to the right or to the left, that
you may be successful wherever you go.

왔다.

'어떻게 아셨어요? 오늘이 제 생일인 줄……'

하나님이 기뻐하시는 일을 통해서?

2주일 전, 목요일 밤

우리 교회 중학생이 큰 교통사고를 당했다. 발목의 복숭아뼈와 코뼈가 부러졌단다.

금요일 새벽

눈뜨자 왠지 병원을 가봐야 할 것 같은 마음이 들었다. 아침 모임이 10시에 있으니 그전에 가려면 출퇴근 시간이라 많이 붐빌 것 같은데 어떡하지? 꽃이라도 갖고 가면 좋으련만, 빈손으로 어떡하지? 반짝! 얼마 전에 샀던 성경카드가 떠올랐다. 그래! 가족들한테 카드 한 장씩을 뽑으라고 해야지!

부르릉~ 7시 반 병원 도착. 8시 예정인 수술을 앞두고 얼굴과 다리에 붕대를 감고 누워 있는 어린 딸을 보니 가슴이 짠하다. 톡이는 엄마, 아빠와 함께 복도로 나왔다. 보통 병원에 가면 수술이 잘 되고, 마취도 잘 풀려 회복실로 잘 오게 해달라는 기도를 하곤 하던 톡이. 그런데 이 아침 톡이의 기도는?

'하나님, 아빠의 마음이 강하고 담대하게 해주세요!'

그리곤 속으로 쫑알.

'주님~ 기도 후에 성경카드를 뽑을 때 혹시, '강하고 담대하라'는 말씀이 있으면 그 카드를 이 아빠가 뽑게 해주세요.'

기도 후 '꽃보다 말씀!'이라고 카드를 꺼낸 톡이. 한 박스에 50장이 들어 있는 말씀 카드. 톡이는 50장을 양손에 쫙 펼쳤다. 아빠가 먼저 카드를 뽑았다. 대박!

> "오직 강하고 극히 담대하여 나의 종 모세가 네게 명령한 그 율법을 다 지켜 행하고 우로나 좌로나 치우치지 말라. 그리하면 어디로 가든지 형통하리니……."(여호수아, 1:7)

톡이는 그렇게 하나님이 함께하심을 배워가고 알아간다. 오늘도~.

> "예수님이 말씀하셨다. 나를 보내신 분이 나와 함께하신다. 내가 항상 그분이 기뻐하시는 일을 하기 때문에 그분은 나를 혼자 버려두지 않으셨다."(요한복음, 8:29)

만선!

QT는 톡이 생애 가장 큰 선물이다. QT를 통해 하나님과 소소한 일상 속 희로애락을 나누며 살아온 지 32년. 그 일상의 소통 속에 가끔씩 예수님이 얼마나 재미있는 분인지 깜놀깜놀함.

톡이가 제일 아끼는 단어는 따뜻. 따뜻한 〈요한복음〉 21장. "밤새 그물을 붙들고 추운 밤바람에 시달렸건만 물고기 한 마리도 잡지 못한 제자들. 그들에게 다가와서 "애들아~ 그물을 배 오른쪽에 던지렴……" 말씀해주시는 예수님. 그리운 임. 따뜻한 그 목소리.

아침 📖 〈요한복음〉 21장 15~17절

바닷가 모래 위 고개를 떨군 채 눈을 못 맞추는 베드로와 숯불에 생선을 올려놓고 구워주시는 예수님.

🇬 주님: 얘야~ 너 저 사람들보다 나를 더 사랑하지?

😊 시몬: (고개를 숙인 채) 네. 주님이 아시지요.

🇬 주님: 그래…… 내 양을 좀 먹여주렴.

🇬 주님: 얘야~ 네가 나를 사랑하지?

😊 시몬: (고개를 더 숙이며) 주님, 제가 주님을 사랑하는 것은 주님이 아시지요.

🇬 주님: 그렇지…… 네가 내 양을 쳐줄 것을 내가 믿어.

🇬 주님: 얘야~ 너 나를 사랑하지?

😊 시몬:(두 손으로 얼굴을 가리며) 주님, 제가 주님을 얼마나 사랑하는지 그것만은 주님이 더 잘 아시잖아요.

🇬 주님: 알아…… 그러니 이제 너만은 꼭 내 양을 먹여줄 거야.

어느새 톡이도 베드로 옆에 쪼그리고 앉았다. 긴 세월, 톡이의 모든 약함, 허물, 실수를 품어주신 주님. 그 따뜻한 눈빛을 올려다보며.

🇹 톡이: 주님~ 나도 생선구이 먹고파요.

🇬 주님: 만선이다!

(톡이 마음속에 스치는 생각인지 주님의 음성인지 까리까리)

🇹 톡이: 만선은 무슨…… 생선구이가 먹고프다고 했잖아욧.

G 주님: ······.

(순간 마음속에 차 트렁크를 열어보자는 생각 스침)

튀어가 열어보니? 출출할 때 먹으려고 사두었던 크래커 한 봉다리. 봉다리 속엔 물고기 50마리······. 만선! 예수님이 좋은 걸 어떡합니까······. 콧노래 흥얼, 크래커 와작.

점심

톡이를 사랑해 주시는 한 목사님 부부가 점심을 하자고 하신다. 한식집으로 들어가며 은근 생선구이를 기대했건만 웬걸? 그 식당엔 생선 졸임뿐 구이는 없다고 한다. 그냥 비빔밥을 먹으며 중얼.

T 톡이: 주님~ 생선구이 먹고프다니깐!

저녁

도서관에 붙어 앉아 있다가 시간이 훌쩍 갔다. 저녁을 먹으면 늦을 것 같아서 그냥 수요예배로 튀어갔다. 예배 후 한 예쁜이네가 자꾸 교회 근처에 있는 자기네 집에 들렀다 가란다. 집에 들어가니 예쁜이네가 저녁을 못 먹었다면서 함께 먹자고 한다.

그런데 부엌에 웬 냄비가 세 개씩? 꼬르륵. 첫째 냄비엔 은대구 졸임. 둘째는 오징어볶음. 셋째 프라이팬 냄비엔? 왕조기구이! 그 조기는 언젠가 이스라엘에서 먹었던 '베드로 물고기'와 모양도 크기도 쏙 빼닮았다. 기숙사로 돌아오는 길, 톡이 뺨에 한없이 흐르는 따뜻한 눈물.

"허물 많은 베드로를 용서하시고 의심 많은 도마에게 확신 주신 주 사랑하는 그의 제자 가슴에 안고 부드러운 사랑으로 품어주셨네"

따라쟁이!

2000년 5월 ✝ 〈마태복음〉 8장 1~34절 QT

"예수님이 가버나움에 가셨을 때 한 장교가 예수님께 와서 도움을 구하며 '주님, 제 하인이 중풍에 걸려 몹시 고생하고 있습니다'라고 하였다. 예수님이 그에게 '내가 가서 고쳐 주겠다' 하시자 장교는 이렇게 대답하였다. '주님, 저는 주님을 제 집에까지 오시게 할 만한 자격이 없습니다. 그저 나으라는 말씀만 한마디 해주십시오. 그러면 제 하인이 나을 것입니다.'

예수님은 이 말에 놀라시며 따라온 사람들에게 말씀하셨다. '내가 분명히 말하지만 이스라엘 온 땅에서 이만한 믿음을 가진 사람을 만나 보지 못하였다.' 그리고서 예수님은 장교

에게 '가거라, 네 믿음대로 될 것이다' 하고 말씀하셨다. 그
러자 바로 그 시각에 그의 하인이 나았다.(마태복음, 8:5~13)

예수님의 삶은 행동이다. 사랑이다. 예수님의 행동은 경청, 동
행, 멈춤, 칭찬, 치유 5가지 사랑이 아닐까?

장교의 안타까운 부탁에 귀 기울이시는 **경청**.
내가 가서 고쳐줄게 말씀하시는 **동행**.
예수님이 오시는 것을 감당할 수 없다는 장교의 말에
가려던 걸음을 잠시 **멈춤**.
예수님을 따라오는 사람들을 향해 장교의 믿음을 **칭찬**.
말씀으로 하인의 병을 **치유**.

언제나 생각이 스치면 발부터 튀어나가는 톡이. 하지만 그날,
톡이는 예수님의 멈춤 - 머무시는 사랑을 닮고 싶었다. 아주 많
이 말이다.

아침부터 콩콩 뛰어다니던 톡이 마음에 하루 전에 만났던 한
엄마가 떠올랐다. 남편이 큰 수술 후 집에서 쉬고 있는데 방문해
줄 수 있는지 물었던 한 엄마.

교회 근처 꽃집으로 튀어갔다. 분홍빛 꼬마 카네이션 한 다발.

예수님의 삶은 행동이다. 사랑이다.
예수님의 행동은 경청, 동행, 멈춤,
칭찬, 치유 5가지 사랑이 아닐까?

얼른 튀어가 안아주고픈 마음으로 전화를 거니 딸이 받았다. 엄마가 잠깐 주무시는데 깨울 테니 잠시 기다려 달란다.

평소 같았으면 "아니, 괜찮아요. 내가 바로 길 건너에 있으니까 잠깐 들릴게요" 하고 튀어갔을 톡이. 순간 마음에 예수님의 멈춤 - 머무시는 사랑이 떠올랐다.

"아니에요, 쉿! 깨우지 말아요."

전화를 끊은 후, 길 건너 아파트로 튀어가 살금살금 계단을 올랐다. 방문 앞에 꽃다발과 작은 카드('쉼이 필요하실 것 같아 꽃만 놓고 갑니다. 짝꿍님 회복을 위해 기도로 함께합니다')를 놓고 왔다. 그리고 얼마 후, 그 짝꿍이 교회를 나왔다 처음으로.

2019년 5월 13일(월) ✝ 〈마태복음〉 8장 1~34절 QT

1. 예수님이 산에서 내려오시자 많은 군중이 뒤따랐다.
2. 마침 한 문둥병자가 예수님께 와서 절하며 "주님께서 원하시면 저를 깨끗이 고치실 수 있습니다" 하였다.

예수님은 산 위에서 많은 것을 가르치셨다. 팔복과 천국, 그리고 크리스천 삶의 구체적인 행동 지침들을 가르치셨다. 그리고 산 아래로 내려오신 예수님은 문둥병자, 장교의 하인, 베드로의 장모, 귀신들린 사람들, 많은 병자를 고쳐주셨다. 예수님의 삶은 가르침이다. 행동이다. 사랑이다.

QT는 산 위에서 만나는 예수님이 가르쳐주시는 말씀과 같은 것이 아닐까? 예수님이 너무 좋아서 더 머물고 싶을 때가 종종 있는 톡이. 하지만 어김없이 떠오르는 찬송("괴론 세상에 할 일 많아서 날 가라 명하신다")을 따라 산 아래로 내려오곤 한다.

5월 13일(월) 밤 10시

내일 수술 예정인 한 예쁜이가 떠올라 병원으로 튀어가는 톡이. 지금 병실로 올라가도 못 만난다는 안내 아저씨의 따뜻한 조언을 새기며 쫑알.

> 🅣 톡이: 주님, 오늘도 온종일 그 많은 병자를 만나시느라 풍랑 치는 배에서도 곯아 떨어지셨지요? 저도 많이 피곤. 그러니까 어떻게든 예쁜이 좀 잠깐 만나게 해주세욤.
>
> 🅖 주님: ……

1209호. 커다란 유리문 안쪽을 기웃거리는 톡이. 아하, 전화를 걸면 잠깐 나올 수 있겠구나 싶었지만 수술을 위해 준비 중일 텐데, 링거를 꽂은 채로 나오라는 것도 민폐.

'어쩐다?' 싶은 순간! 유리문 앞으로 예쁜이의 짝꿍이 지나간다. 탕탕탕 열려라 참깨. 놀란 토끼 눈 짝꿍과 함께 1209호로. 맥스 루케이도의 작은 책,《내 마음의 별이 된 너에게》를 선물하고 돌아왔다. 깊은 밤, 이제 예수님처럼 곯아떨어지면 된다. 나는야 따라쟁이.

외눈박이!

욕실에 들어가 문을 닫다가 아오, 미끌. 한쪽으로 엎어졌다. 손을 뻗어 얼굴을 만져보려는데 손등에 차가운 벽이 느껴진다. 5센티만 더 나갔어도 벽에 머리를 꽈당 했을 텐데 휴우 감사.

3/24(화) 오전 8시

광대뼈 골절 수술. 톡이는 두 가지 두려움과 마주했다.

1) 전신마취: 깨어나지 못하면 어떡하지? 언니가 coma(혼수상태)로 3년을 누워 있었기에 두려웠다.

2) 한쪽 눈: 두 살 때부터 눈이 약해서 거의 한쪽 눈으로 살아온 톡이는 외눈박이다. 눈 아래와 입 안쪽 절개를 통해 광대뼈의 부러진 세 군데를 잇는다는데……
눈 아래 애교살 절개 때 혹시라도 살짝 건강한 눈

51

을 다치면 어떡하지?

입원 후, 나름 비장한 각오로 목사님한테 짧은 톡을 보냈다.

💬 "if 깨어나지 못하면, 22년 내 영혼 몸 마음이 머물던 함께 공동체…… 홧팅!"

톡을 보내고 나니, 눈 검사. 동공을 키우는 약을 넣어주는데 오옷? 눈동자가 물고기처럼 변한다. 수술 전의 눈 상태를 정밀 진단해 놓아야 수술 후의 눈과 비교할 수 있다는 설명을 듣고 두려움 증폭.

수술이 끝났나 보다.

1) 전신 마취: "환자분 성함이 어떻게 되세요?" 휠체어를 타고 병실로 돌아왔다.

2) 한쪽 눈: 광대뼈에 보호용 종이컵을 얹어 놓아서인지, 살짝 뿌옇지만 보, 보, 보인다.

3/28(토)

퇴원

3/30(월)

아침 일찍 세수를 하는데 한 예쁜이가 떠올랐다. 세수하고 나오는데 예쁜이한테서 톡이 왔다. 몇 시간 후 예쁜이가 튀어왔다. 예쁜 그릇에 팥 찰밥이랑 나물들을 담아서. 아하! 하나님이 톡이를 보고 계시는구나. 톡이와 함께하시는구나.

수술 후 깨어났을 때 2003년 미국에서 있었던 일이 떠올랐다.

졸지에 랜디(Randy)라는 한 미국 목사님과 마주치게 되었다. 하나님의 음성을 직접 듣고 전해준다는 목사님. 랜디는 눈이 어찌나 크고 맑은지 그 눈동자 속에 톡이가 비쳐지는 것 같았다.

😊 랜디 : 하나님이 말씀하시네요? "내가 네 눈을 그렇게 빚었다. 한쪽 눈은 세상을 향해 눈감고 한쪽 눈은 나만 바라보며 살라고."

외눈박이 물고기처럼 살고 싶다
외눈박이 물고기처럼
사랑하고 싶다

두눈박이 물고기처럼 세상을 살기 위해
평생을 두 마리가 함께 붙어 다녔다는
외눈박이 물고기 비목처럼

53

사랑하고 싶다

우리에게 시간은 충분했다 그러나
우리는 사랑하지 않았을 뿐
외눈박이 물고기처럼
그렇게 살고 싶다

- 류시화 -

사랑은 움직이는 거야!

코로나는 우리에게서 만남을 빼앗아갔다. 대신 우리 가슴에 웅덩이를 주었다. 바닥이 보이지 않는 빈 웅덩이……. 거기엔 그리움, 눈물 그리고 기다림이 고인다.

아침에 마스크를 챙기는데 선물로 받았던 예쁜 마스크가 한 개 남았다. 쓰고 나올까 하다 그냥 고마운 추억으로 갖고 있기로 했다.

차 속에서 쫑알거렸다.

T 톡이: 주님~ 서로가 보고 싶어도 서로가 만나자고 말할 수 없는 세상이네요.

G 주님: …….

(순간 카톡이 왔다.)

😊 추억: 더위에 잘 지내시지요? 목사님, 엄청 보고파요~~~.

🅣 톡이: 그치? 아침에 추억이가 생각났는데…… 이제 됐네? 우리 만난 거로 퉁치자.

✝️ **〈누가복음〉 10장 25절-28절**

한 성경도사가 예수님께 물었다지요.

"무엇을 해야 영생을 얻을 수 있나요?"

예수님은 대답 대신 두 가지를 물으셨다지요.

1) 성경에 무엇(what)이라고 쓰여 있니?

2) 성경을 어떻게(how) 읽었니?

성경 도사는 한 자도 틀리지 않고 대답했네요.

1) 마음, 목숨, 힘, 뜻을 다해 하나님 사랑! 내 몸처럼 이웃 사랑!

2) …….

예수님이 말씀하셨네요.

1) A뿔!

2) 그대로 행하렴……. (사랑은 움직이는 거야!)

그 많은 책과 목사님의 삶을 보니,
책이 걸어 다니고 글씨가 뛰어다닌다.

말씀이 육신이 되어 우리 가운데 함께하신
예수님을 닮았다.

🅣 톡이: 주님~ 코로나, 홍수, 태풍……제가 무엇을 할 수 있을지요? 통

조림이나 라면 같은 것을 좀 전해주고픈 데 방법이 없네요.

🅖 주님: …….

(어떤 분한테서 연락이 와서 만남 약속)

만나 보니 오갈 데 없는 청년들을 돌보시는 목사님 이야기를

들려준다. 이번에 홍수로 피해가 너무 컸단다. 귀 쫑긋! 대대적인

청소를 하려는데 락스가 엄청 많이 필요하단다. 귀 쫑긋! 통조림

라면 같은 생필품도 많이 필요하단다!

어떤 분과 헤어지고 교회로 돌아와 주차하고 들어가려는데 얼

음 땡! 아침에 통화했던 아픔이……? 6개월을 아파서 거의 집 밖

을 못 나갔다더니? 그냥 톡이가 보고파서 교회 카페로 왔단다, 그

냥. 바쁠까 봐 전화를 못 하고 커피콩만 사 가지고 나왔단다. 아

픔이랑 카페 창가에 앉았다. 운다…… 너무 보고팠다고 자꾸 운

다. 아픔이는 필요한 책을 사라며 10만 원이 든 봉투를 주고 갔다.

아픔이가 준 10만 원은 톡이가 움직일 수 있는 마중물이 되었다.

톡이를 통해 홍수 피해를 본 목사님 소식을 전해들은 몇 사람

은 바로 이튿날 마트로 튀어갔다. 그렇게 따뜻한 마음들이 모아준

락스, 통조림, 라면 등을 가득 싣고 목사님을 찾아뵈었다.

목사님은 신학과 사회학을 전공한 아주 특별한 작가이다. 가진 책만 5만 7천 권이나 된다. 그리고 돌보는 청년들을 '거리의 천사들'이라고 부른다. 천사들의 숫자와 나이를 여쭈어봤다.

"교도소에 수감된 제 아들들 35명. 고아원에 사는 제 아들들 18명. 최고 나이 든 아들은 41살!"

그 많은 책과 목사님의 삶을 보니, 책이 걸어다니고 글씨가 뛰어다닌다. 말씀이 육신이 되어 우리 가운데 함께하신 예수님(요한복음, 1:14)을 닮았다.

chapter 2

가족이라는

행복

하나님은 우리를 향해 다양한 사랑의 관계로 초청하신다.
하나님과 백성, 아버지와 자녀.
예수님도 마찬가지로 초청하신다.
목자와 양, 포도나무와 가지.
그중에서도 가장 아름다운 초청은? 바로 신랑과 신부.

비엔나에서 열린 남편(은곰)의 학회에 따라 나선 톡이의 악어
새 여행 첫날 아침.

톡이는 오늘 시내에 좀 나가 봐야지.

⒯ 톡이: 돈 좀 주고 가. 크레디트 카드도 하나 주고, 응?

☻ 은곰: 그냥 돈 좀 줄게. 카드는 아무래도 위험하지 않겠어?

⒯ 톡이: 어이구~ 밤낮 위험은 무슨 위험. 카드 주고 가, 얼른. 돌아다니
다 돈 떨어지면 어떻게 하라고?(박박)

시내에 나가니 'Wow~' 먹거리 볼거리 우하핫 신난당. 기념
품 가게에서 본 보라색 파우치가 너무 마음에 든 톡이. 파우치 안
에 지갑과 휴대폰을 넣어보니 딱이다! 파우치를 사기로 결심하고

계산 후 지갑과 휴대폰을 어깨에 걸쳤던 헝겊 가방에 도로 넣었는데 잠시 후 삐리리 이상한 느낌? 휘리릭 뒤쪽을 바라보니 장동건처럼 자알생긴 청년이 씨익 웃는다. 동시에 발아래 톡 떨어진 톡이 지갑. 청년이 몸을 굽혀 지갑을 잡으려는 순간, 톡이의 오른발이 팍 지갑을 덮쳤다. 휴~ 등골이 오싹

이 복잡한 시내에서 크레디트 카드를 잃어버렸다면?

"Bitte, polizei polizei(제발 경찰 좀 불러주세요)!" 외치며 헤맸을 톡이를 생각하니 쯧쯧. 은곰과 만나기로 한 저녁 6시까지 돈 한 푼 없이? 로밍을 안 해서 휴대폰도 없이? 그 와중에도 휘리릭 스치는 아침 QT 말씀.

"이제 나는 여러분이 모든 남자의 머리는 그리스도이시며 여자의 머리는 남자이며 그리스도의 머리는 하나님이시라는 것을 깨닫기 원합니다."(고린도전서, 11:3)

🗨 톡이: 주님, 휴~ 고마워요! 여자의 머리는 남자라니까 톡이 머리는 은곰이지요? 근데 죄송해요! 오늘 톡이는 은곰이의 목이었어요. 쯧쯧.

풍선 타고

12/10(화)

시어머니가 패혈증으로 중환자실 입원. 산소 호흡과 신장 투석을 거쳐 다시 일반 병실로 돌아옴. 담당 의사의 놀람 속에 90세의 어머니는 패혈증을 딛고 일어났지만······.

1/19(일)

다시 중환자실 입원.

6·25 전쟁이 터지면서 26살 어머니의 모진 세월이 시작되었다. 안동 김씨, 무남독녀 외동딸, 최고 학벌, 이런 것은 더 이상 존재하지 않았다. 26살 새댁의 품에는 5살, 2살짜리 두 아들만 남았다. 졸지에 행방불명이 된 남편과 부모님. 하지만 울 수 있는 여유조차 없었단다.

하이얀 눈 속, 구름 한 점 없이 파아란 하늘로 날아간 엄마. 톡이도 그 파아란 하늘 속으로 날아갔다. 풍선 타고.

하나님은 그 모진 풍파와 거친 파도 속에서도 어머니를 여고 교장으로 키우셨고 이제 모든 눈물을 닦아주시는 하늘나라로 데려가셨다.

1/20(월) 새벽 3시 30분

📱 톡이: 엄마~ 그렇게도 좋아하던 하용조 목사님 계신 천국에 가 있어, 응? 하 목사님이랑 나 기다려, 응? 나도 곧 갈게.

(어머니는 두 눈을 동그랗게 뜨셨다.)

📱 톡이: 엄마~ 엄만 A뿔 인생 살았어. 건재(톡이 짝꿍)를 A뿔로 키워줘서 고마워!

(어머니 왼쪽 눈에 눈물이 고였다.)

어머니 돌아가신 날 QT

"바로는 여전히 고집을 피우며, 여호와께서 말씀하신 대로 모세와 아론의 말을 듣지 않았습니다."(출애굽기, 7:13)

"이렇게 좋은 걸. 주변에서 교회에 나가자는 권유를 수없이 받았건만 그때는 귓등으로도 안 들었었는데."

톡이 따라 교회를 나가면서 어머니가 하셨던 말씀이다. 어머니를 하늘로 보내드린 우리는 풍선을 띄웠다. 하이얀 눈 속, 구름 한 점 없이 파아란 하늘로 날아간 엄마. 톡이도 그 파아란 하늘 속으로 날아갔다. 풍선 타고.

신의

하나님은 우리를 다양한 사랑의 관계로 초청하신다. 하나님과 백성, 아버지와 자녀. 예수님도 마찬가지로 초청하신다. 목자와 양, 포도나무와 가지. 그중에서도 가장 아름다운 초청은? 바로 신랑과 신부.

신랑과 신부 사이에 가장 필요한 것이 무엇일까? 바로 신의. 〈예레미야〉의 내용을 한마디로 요약하면? 부정한 신부를 향한 신랑의 경고(옐로카드)와 호소, 그리고 기다림이다.

3/7(월) 《WAFL》 QT ✝ 〈예레미야〉 3장 6~25절

> "네가 신의 없는 이스라엘이 행한 것을 보았느냐? 그가 모든 높은 산과 푸른 나무 아래서 창녀처럼 행하였다."(예레미야, 3:6)

"나는 너희가 내 자녀로 여기에 있었으면 얼마나 좋을까 하고 생각하였다. 나는 세상에서 제일 아름다운 이 땅을 너희에게 주기로 계획하였고 너희가 나를 아버지라고 부르기를 기대하고 있었으며 너희가 다시는 나를 떠나지 않을 것으로 생각하였다."(예레미야, 3:19)

짝꿍 생일이 있는 3월 5일부터 일주일 동안 짝꿍 분야의 학회가 애리조나에서 열렸다. 휘리릭 결정, 짝꿍과 함께 애리조나로 날아갔다. 하룻밤을 자고 나니 LA에 있는 예쁜이가 떠올라 카톡을 보냈다.

깜놀~! 예쁜이 부부가 바쁜 일정을 제치고 한밤중에 찾아왔다. 차로 장장 8시간을 달려서. 이튿날 잠깐 틈을 내어 예쁜이네와 식물원에 다녀왔다. 사람보다 훨씬 키가 큰 선인장들이 하늘 향해 우뚝우뚝. 그리고 발아래 피어 있는 작은 꽃을 보았다. 애리조나에서만 볼 수 있다던 특별한 아름다움……. 짝꿍 말은 뻥이 아니었다(신의).

돌아오는 비행기 안에서 짝꿍이 갸우뚱하며 물었다. 왕복 16시간, 예쁜이네가 어떻게 그 먼 길을 잠깐 얼굴 보려고 달려왔냐고. 바로 신의. 15년 전 미국에서 만난 예쁜이는 톡이한테 너무도 많은 사랑을 한결같이 베풀어주었다.

그건 변덕스러운 톡이를 변함없이 동행해주신 하나님의 신의, 그 사랑을 옆에서 보았기 때문이다. 그리고 그 하나님의 신의는 1년 내내 비가 오지 않는다는 애리조나 사막에 저리도 아름다운 꽃을 피워내신다, 오늘도.

아하!

사람들이 가끔 톡이에게 하는 말?

"구름 위에 사는 것 같다."

그럼 가족들은?

💬 아이: 엄마. 엄만 가끔 보면 대책이 없이 사는 사람 같아.

🇹 톡이: 맞아. 그런데…… 엄마 대책은 하나님이야.

아이 말에 살짝 창피한 톡이. 뻑~ 노래를 부른다.

"나의 힘(대책)이 되신 여호와여 내가 주님을 사랑하나이다."

5/26(월) 🔲 〈시편〉 18편 QT

다윗은 〈시편〉 18편을 통해, 전쟁 속에서 자신의 힘이 되어주신 하나님, 그 많은 전쟁 속에서 승리하게 해주신 자신의 하나님을 요새 방패 산성이라고 부르며 찬양한다.

> "나의 힘이 되신 여호와여, 내가 주님을 사랑하나이다."(시편,18:1)

아이가 하던 말이 생각나서 찬양을 부르며 집을 나왔다. 집 근처에 할아버지 한 분이 눈에 쏘옥. 화초들을 하나하나 끈으로 묶으며 세우시네?

아하! 쟤들이 어젯밤 큰 바람에 쓰러졌었구나.
아하! 하나님이 쓰러진 나를 저렇게 세워 주셨었구나. 번번이.
눈물뿐. 찬양뿐.
나의 힘이 되신 여호와여 내가 주님을 사랑하나이다.
나의 힘. Him(주님). Hymn(찬양).

긴 시간 콩콩 튀어 다니며 살아왔다.

삶은 만남이다. 삶은 스토리다.

만남1

대전에 계신 연로한 어머님을 뵈러 한국에 나온 한 아빠. 한
국에 머무는 동안 어머님은 아들 품에서 하늘로 이사하셨다. 어
머니를 떠나보낸 슬픔을 삭일 사이도 없이…… 아들은 병원에서
암 진단을 받았다. 수술과 항암으로 이어지는 그의 삶에 덮쳐오
는 우울증.

하지만 어느 날, 그는 친척이 빌려준 땅에 씨앗을 심기 시작한

다. 그리고 그 씨앗을 통해 생명의 신비를 손끝에 느끼며 우울증을 닫고 일어나기 시작한다. 요즈음 그는 왕년의 인테리어 디자이너답게 그곳에 벽지공사를 하며 특별한 비닐하우스를 설계 중이다.

만남 2

전기 기술자로서의 성실함이 얼굴에 가득한 한 아빠. 여기저기 공사를 다니며 햇볕에 그을린 피부만큼 건강했던 아빠. 그가 어느 날 검진 결과 암 진단을 받았다. 최근에 12차 항암을 받은 그는 이제, 사다리를 타며 일하던 현장이 아닌 곳을 향해 다시 몸을 움직여 나갈 생각에 골몰한다.

만남 3

긴 세월 모모한 회사를 다니다가 정년을 맞은 한 아빠. 그 후 몸으로 뛰는 일과 개인사업을 해오면서 너무 무리가 되었나 보다. 작년에 암 수술을 받은 그는 올해 허리협착증 수술을 받았다. 병실을 찾았을 때 너무 멀쩡해보여서 갸우뚱거리는 톡이에게 침대에 누운 채로 하는 말.

"그럼 춤이라도 추어 보일까요?"

웃음바다.

11/14(화)

드디어 벼르고 벼르던 아빠들과 번개팅! 뻘쭘했던 분위기는 서로 통병명 후 병원 수다로 이어졌다. 동병상련. 자신이 무엇을 좋아하는지, 정말 하고픈 것이 무엇인지 생각해볼 여유조차 없이 살아온 남자들은 졸업, 군복무, 결혼을 하고 보니, 어느새 아빠가 되어 있다. 그 후로 가족들의 생계를 양 어깨에 걸머지고 그렇게 앞만 보고 달려온 아빠들에게 덜커덕 찾아온 암 소식.

> "여호와여, 내가 절망의 늪에서 주께 부르짖습니다. 여호와여, 내 소리를 듣고 나의 간절한 기도에 귀를 기울이소서."(시편. 130:1~2)

우울증이 덮치면서 모든 의욕을 상실했던 이야기. 암 진단을 받았을 때 주변에 아는 암 환자들이 없어서 정보를 몰라 오갈 데 없었던 마음 이야기. 그중에서도 11월 20일에 또 한 번의 수술을 받을 예정인 만남 3의 입담이 압권!

같은 환자로 만난 아빠들의 끝없이 이어지는 이야기 속엔
한 시절 술과 담배를 엄청 했었다는 한 아빠의 고백이 있었고
이제 그들의 마음은 하나님이 한 교회로
이끌어주신 데 대한 감사로 이어졌다.

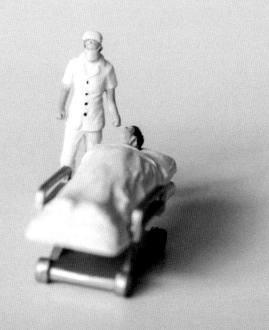

"여호와여, 만일 주께서 우리 죄를 일일이 기록하신다면 누가 감히 주 앞에 설 수 있겠습니까? 그러나 주께서 우리를 용서하시므로 우리가 두려운 마음으로 주를 섬깁니다."(시편, 130:3~4)

끝없이 이어지는 이야기 속엔 한 시절 술과 담배를 엄청 했었다는 한 아빠의 고백이 있었고 이제 그들의 마음은 하나님이 한 교회로 이끌어주신 데 대한 감사로 이어졌다.

"내가 여호와의 도움을 기다리며 그의 말씀을 신뢰하노라. 파수병이 아침을 기다리는 것보다도 내가 여호와를 사모하는 마음이 더하구나."(시편, 130:5~6)

카페로 자리를 옮긴 후 이어지는 수다. 아빠들의 마음에는 하나님을 알고 싶은 갈망이 있다. 머잖아 성경공부를 함께할 그림을 그리기 시작한 아빠들과 함께 극동방송국으로 튀어갔다. 〈만남〉이라는 작품 앞에서 인증샷. 겹겹이 이어지는 만남을 가죽에 담아낸 김영숙 님의 작품이다.

인증샷 후에 아빠들은 끼리끼리 소그룹을 할까 의논하던 중 소그룹 이름을 정했다. 유병장수 소그룹. 12월의 번개팅 만남을 기다리는 아빠들은 함께 힘찬 출발을 다짐하며 '홧팅~!'을 외쳤다.

초점

🇬 주님: 뭐가 좀 보이느냐?

😊 병자: 예, 사람이 보이긴 합니다만 나무가 걸어 다니는 것 같습니다.

초점이 안 맞아 두리번거리는 그에게 다시 한 번 손을 얹으시는 예수님. 그의 눈이 열렸다.

'다른 모든 질병은 직빵으로 고쳐주셨는데 이번에는 왜 두 번씩 손을 얹으셨을까……?'(생각)

7남매 막내로 사랑을 독차지하며 자랐기 때문에 외로울 이유가 없었던 톡이. 하지만 톡이는 중학생 때부터 홀로 외로운 가슴앓이를 하곤 했다. 훗날, 주님을 만나고 나서야 그것이 영적인 외

톡이 눈의 초점이 사람들의 영혼에 맞춰진 것 같다.
부활하신 예수님을 만난 후 제자들 삶의 초점이 바뀌었듯이.

로움이란 것을 깨달았다.

예수님이 첫 번째로 톡이 눈에 손을 얹어주신 말씀(QT)은 〈창세기〉 4장 7절이다. 그러나 톡이 눈의 초점은 여전히 예수님께만 맞춰지지는 않았다. 여전히 빵(먹거리/세상)에 초점이 맞춰 있기에 떨떨하다고 야단을 맞은 제자들처럼 말이다.

어느 날, 예수님이 톡이 눈에 두 번째로 손을 얹어주셨다. 〈마태복음〉 4장 19절 말씀(QT)으로. 그 이후 톡이 눈의 초점이 사람들의 영혼에 맞춰진 것 같다. 부활하신 예수님을 만난 후 제자들 삶의 초점이 바뀌었듯이.

💬 톡이: 주님~ 오늘은 제가 누구한테 가볼까요?

마음속에 한 예쁜이가 떠올랐다. 남편의 영혼을 위해 간절히 기도해온 예쁜이……. 그 남편이 지난주 세 번에 걸친 뇌수술을 받았다. 톡이는 지난날 톡이 눈에 손을 얹어주신 예수님 앞에 엎드렸다. 두 손을 눈에 얹고 기도하니 고마운 그 은혜에 눈물이 났다.

"Amazing Grace ♪ I once was blind but now I see ♪"

꽃을 사갖고 병원으로 튀어갔다. 머리에 하얀 붕대를 감고 누워 있는 예쁜이의 남편. 누구에게도 자신의 상황을 알리고 싶어 하지 않았다는 남편. 잠시 기도하고 돌아오는 길, 함께 기도할 수 있도록 기회를 주신 예수님께 감사하며 한마디 쫑알거렸다.

🅣 톡이: 주님~ 나 심부름 잘했지요? 그리고 아까 그 꽃 참 예뻤지요? 흠…… 나도 왠지 꽃을 받고 싶네요.

이튿날 오후. 한 고운이로부터 카톡이 왔다.

😊 고운이: 꽃시장 갔다가…… 목사님 생각나서요. 목사님 방에 꽃 갖다놓았어요.

가능성

2003년 여름

당시 고등학생이었던 막내가 언니와 다투었다. 열흘째 말을 안 한다. 마음이 많이 상했지만 톡이는 잔소리를 못 하는 무능 엄마.

🅣 톡이: 주님! 휴 쟤들······. 아예 말을 하고픈 마음조차 없는 것 같아요.

🅖 주님: ······.

에휴 QT나 하자.

"이튿날 베다니를 떠날 때에 예수께서는 시장하셨다. 멀리서 잎이 무성한 무화과나무를 보시고, 혹시 그 나무에 열매가 있을까 하여 가까이 가서 보셨는데, 잎사귀 밖에는 아무것도 없었다. 무

"잎사귀만 무성하고 열매가 없는 무화과나무를 저주하신 예수님은 오늘도 질책하신다. 종교 지도자들과 영적 지도자들을 향해, 내 기도하는 집(성전)을 강도의 소굴로 만들었다고."

화과의 철이 아니었기 때문이다. 예수께서 그 나무에게 말씀하셨다. '이제부터 영원히, 네게서 열매를 따먹을 사람이 없을 것이다.' 제자들이 예수께 서 말씀하시는 것을 들었다."(마가복음. 11:12~14)

T 톡이: 주님! 도대체 아무리 이해를 하려고 해도 불가능. 왜 그렇게 화가 나셨어요? 너무너무 시장해서 그러셨어요?

G 주님: 가.능.성.(가끔씩 톡이의 질문에 한 단어를 떠올려 주시는 주님)

T 톡이: 가능성이라뇻? 더 헷갈리네.

순간, 어릴 적 톡이네 마당에 있던 감나무가 떠올랐다. 초여름이 면 감나무에서 떨어져 뒹굴던 작고 파란 열매. 그것들을 주워 한 입 깨물어보곤 "에이씨! 떫어!" 하면서 휘익 던져버리곤 하던 기억이 난다. 순간, 무화과나무를 찾아보고픈 마음이 들어 튀어가 펼친 《두란노 성경 사전》 389쪽.

"무화과나무는 3월 초순에 작은 나뭇잎이 나오기 시작하면서 아주 작은 열매들(타크시)이 열린다. 타크시는 4~5월 경에는 떨어지며 6주 정도 후에 새 열매가 열리게 된다. 타크시는 무화과의 전령이며 단맛은 거의 없지만 팔레스타인의 가난한 사람들이나 나그네들의 시장기를 달래주는 열매이다."

아하! 주님이 요 작은 타크시(가능성)를 찾으셨구나. No Taksi, No Fig(가능성이 없으면 무화과도 없다)!

QT를 끝내고 나오니 식탁 위에 예쁜 노랑 카드가 놓여 있다. 막내한테 쓴 언니의 카드를 보는 순간, 오늘 화해하려는 작은 몸짓(가능성)이 느껴졌다. 톡이는 살짝 막내와 저녁 약속 후 언니와 저녁 약속을 했다. 저녁에 중국집 입구에서 마주친 둘은 부둥켜안고 울었다.

"언니 미안해!"

"아냐, 내가 잘못했어!"

2019년 6월 10일

"잎사귀만 무성하고 열매가 없는 무화과나무를 저주하신 예수님은 오늘도 질책하신다. 종교 지도자들과 영적 지도자들을 향해, 내 기도하는 집(성전)을 강도의 소굴로 만들었다고."(마태복음, 21:18~20)

그 예수님이 오늘도 질책하신다. 그들을 향해 위선자라고. 성경을 끼고 사는 사람들을 향해, 성경과 하나님의 능력을 모르기 때문에 잘못 생각하고 있는 거라고. 눈먼 인도자라고. 뱀들과 독사의 자식들이라고.

QT 후 산책하러 나갔다. 산책길에 떨어져 뒹구는 작은 열매들이 발에 밟힌다. 고개를 들어 보니, 무성한 초록 잎사귀들 사이로 파란 열매가 보인다. 가까이 가니 아⋯⋯ 감나무! 그리고 거기엔 어릴 적 한 입 베어 물고 던져 버리곤 했던 초록 열매가 달려 있다. 감 한 개씩의 전령일까? 타크시처럼.

자신들의 기득권을 움켜잡고 더 많은 탐욕으로 약자들 위에 군림 하는 그들을 향해 주님은 질책하신다. 자신들도 지키지 못할 것을 강요하는 자들을 향해 위선자, 독사의 자식, 눈먼 인도자라고. 교회를 향해, 목회자를 향해, 그리고 우리 크리스천을 향해. 성전 안에서 다리 약한 사람과 눈이 약한 사람을 고쳐주시며, 세무원과 창녀의 믿음을 귀히 여기시던 주님은 "보고도 끝내 뉘우치지 않는" 아니, 뉘우칠 가능성(타크시)조차 없는 그들(우리)을 질책하신다, 오늘도.

알록달록

1997년 7월 14일 월요일

새벽기도를 가기 전에 QT. 〈마태복음〉 10장 42절 말씀이 내 눈과 마음에 들어왔다.

> "또 누구든지 제자의 이름으로 이 소자 중 하나에게 냉수 한 그 릇이라도 주는 자는 내가 진실로 너희에게 이르노니 이 사람이 결단코 상을 잃지 아니하리라 하시니라."

QT: 소자? 약한 사람? 누구 도울 일이 있나?

새벽기도를 갔더니 암 투병 중인 K의 어머님이 어젯밤에 쓰러 지셨다는 소식. 교회의 예쁜이들 3명과 충대 응급실로 튀어갔다.

뼈만 남은 것 같은 어머님의 팔을 붙들고 간절히 기도했다.

🔵 톡이: 하나님~ 이 땅에서 너무도 버거운 삶을 살아오신 어머님……,
의사들은 무의식이라고 하지만 하나님~ 어머님이 예수님과 얘기하
게 해주세요. 어머님에게 천국을 보여주세요.

아니! 그 순간, 어머님이 갑자기 "주여, 주여!" 하시는 것 아닌
가? 화들짝 놀란 우리는 어머님을 흔들어봤지만, 여전히 반응이
없다. 이튿날 깨어나신 어머님이 들려주는 천국 이야기……. 그
렇게 병원을 들락거리며 여름이 갔다.

1997년 10월 2일 목요일

병실에 들어가니 대학생 아들이 엄마의 기저귀를 갈고 있었
다. 너무도 마음이 아파, 안 되지 싶으면서도 K와 함께 이런 기
도를 드렸다.

🔵 톡이: 하나님~ 회복시키실 것 아니면…… 그냥 천국 데려가 주세요.
그런데 서울에 있는 오매불망 큰딸이 있을 때 데려가 주세요.

"또 누구든지 제자의 이름으로 이 소자 중 하나에게 냉수 한 그릇이라도 주는 자는 내가 진실로 너희에게 이르노니 이 사람이 결단코 상을 잃지 아니하리라 하시니라."

1997년 10월 3일 금요일

K로부터 전화가 왔다. "엄마 조금 전에 천국 가셨어요." 개천절인 공휴일이어서 직장에 안 나가도 되니까 서울 큰언니가 내려왔단다. 두 동생은 좀 쉬려고 집으로 돌아왔고, 큰딸만 임종을 지켜보았단다.

1997년 12월 11일 목요일

한밤중, K의 전화를 받았다. 구리에 계신 아빠가 쓰러져서 중환자실에 계시다고. "어떡해요?" 울부짖는 K를 달래며 "알았어. 내일 내가 가 볼게. 괜찮으실 거야." 어머님의 병원을 함께 갔던 3총사에게 연락, 이튿날 같이 가기로 약속을 했다.

1997년 12월 12일 금요일

밤새 내리기 시작한 함박눈이 계속 쌓이고 있는 새벽. 3총사에게 연락이 왔다. 빙판길 위험하니 다음에 가기로 결정. 잠시 후 QT 시작. 〈디모데후서〉 4장 2절 말씀을 읽으며 심쿵.

"너는 말씀을 전파하라. 때를 얻든지 못 얻든지 항상 힘쓰라."

QT: 그래, 집에서 죽으나 빙판길에 죽으나 천국행이니 가즈

아~!

구리 한양대 병원 중환자실로 튀어가니 면회시간이 7분 남았다. 무의식이던 K의 아버님이 12일 아침 일찍부터 눈이 또랑또랑, 의식이 돌아왔다는 간병인의 설명. 나는 들어가 복음을 전했고 왕불교 아버님은 예수님을 받아들이셨다. 그리고 12월 25일, 아버님은 자신이 죽으면 기독교식으로 장례를 치러달라는 유언을 남기고 예수님 품에 안기셨다.

2019년 9월 3일 화요일

거의 20년 만에 K에게서 연락이 왔다. 톡이를 찾고 찾았노라며. 오늘 하루 회사에서 월차를 냈다며 톡이를 데리고 간 부산의 힐튼 호텔. 두리번두리번 으리빵빵. 우린 큰 유리창 너머 바다를 보며 밀린 얘기를 나누었다.

2020년 1월 13일 월요일

T 톡이: 오늘 아침 올겨울 처음으로 눈발이 조금 날렸어요. 12월 12일 구리에 아빠 뵈러 갔던 날, 그 함박눈이 떠올랐어요.

☻ K: 네 맞아요. 그 폭설에 정말 어떻게 오셨었어요? 그 사랑은 평생

제 가슴에 담겨 있어요. 저 뭐든지 해드리고픈 것 다 해드릴래요. 보약도 지어드릴래요.

"또 누구든지 제자의 이름으로 이 소자 중 하나에게 냉수 한 그 릇이라도 주는 자는 내가 진실로 너희에게 이르노니 이 사람이 결단코 상을 잃지 아니하리라 하시니라."

톡이는 어머님(소자)께 냉수 한 그릇을 드렸을 뿐인데……. 두 동생 뒷바라지로 늘 아끼며 살았던 K가 건네주는 예쁜 원피스를 받아든 톡이 손등에 눈물 또르르.

집에 돌아온 톡이는 성경책을 끌어안았다. 하나님 'Q~!'를 따라다녔던 이야기들을 표시해놓은 알록달록 성경책. 알록달록 QT.

하나 둘

결혼에 관한 바울의 생각은?

결혼도 독신도 하나님의 선물이다. 결혼하면 남편과 아내가 서로를 기쁘게 하는 데 신경을 쓰게 되지만, 독신으로 살면 주님을 기쁘시게 하는 데 더 신경을 쓴다.

결혼에 관한 톡이의 생각은?

결혼해도 독신이어도 우리는 모두 하루하루 조금씩 더 "어떻게 하면 주님을 기쁘시게 할까 하고 주님의 일에만 신경을 쓰게 되는 것"(고린도전서, 7:32)이 아닐까?

코로나19 팬데믹의 현실 속에 우리의 무능을 본다. 개인, 이웃, 도시의 만남이 끊기고 나라마다 차단이 되는 상황에서 예수님은 우리가 어떻게 살 길 원하실까? 갸우뚱거려보아도 깜깜.

1년쯤 되었나 보다. 목사님을 중심으로 서울에 교회를 하나 개척하자는 생각을 나눈 지가 말이다. 보통 생각(비전)이 공유되면 첫 번째 하는 일은 작은 모임 장소라도 알아보는 것일 텐데 우리는 그저 하나님만 바라보며 기도할 뿐. 다른 아무것도 못 한 채 시간이 흘렀다.

그런 무능한 우리의 귀에 작년 말, 한 사람의 이야기가 전해졌다. 서울에 30평 정도의 사무실을 갖고 있는데 그냥 쓰라는. 드디어 하나님의 신호탄 발사?

12/12(목)

우리는 사무실 공간을 보려고 서울로 튀어갔다. Wow!

1/31(금)

한 부부가 캐나다에서 귀국. 2월에 서울로 이사 예정이라는 소식이 들려왔다. 튀어가 만나 보니 안 그래도 서울에 가면 어떤 교회를 갈지 고민했다고.

2/16(일)

언제나 혼자 예배드리러 오던 한 엄마가 웬 청년과 함께 왔다. 서울 사는 아들인데 교회를 안 다닌다는 귀띔.

> 💬 톡이: 서울에 교회가 개척될지 몰라요. 혹시 나중에 연락드려도 될 지요?
>
> 😊 청년: 넵. 연락주십시오!

2/27(목)

대학에 입학한 청년이 서울 이사를 앞두고 있다는 소식을 듣고 커피 약속. 함께 커피를 마시던 남친도 개척 예정인 교회에 나오겠다고!

2/29(토)

작년 9월에 결혼한 영커플이 3월에 서울로 이사한다는 소식을 전해준다. 결혼 전 처음 상담을 하며 흘리던 신랑의 예쁜 눈물을 잊을 수가 없다.

3/1(일)

결혼 5년차 커플이 직장을 서울로 옮기게 되었다는 소식. 만나서 얘기를 나누다 보니 어느새 새 교회에 대한 설렘 만땅.

하나님은 사람을 통해 일하신다. 우리에게도 9명을 보내주셨다. 다메섹에서 예수님, 그 강렬한 빛을 만나 눈이 보이지 않던 바울에게 아나니아를 보내신 하나님. 바나바, 브리스길라와 아굴라 부부, 디모데, 실라, 루디아 그렇게 바울에게 하나둘 사람을 보내시며 일하신다.

코로나19로 '교회에는 예배가 없습니다' 교회 문에 붙여진 사인을 읽으며 마음이 시리다. 함께 모여 예배할 수 없는 현실을 마주하면서 자꾸만 낙심된다. 하지만 새로운 교회를 위해 하나님이 보내주시는 사람들을 생각해보니, 어떤 상황 속에서도 우리 각자에게 주어진 일을 하라는 메시지가 아닐까? 이 또한 주님을 기쁘시게 하는 것이 아닐까 싶다.

하나님이 모임 공간을 주시고 사람들도 주셨으니 이제 교회 이름을 짓는 숙제가 남았다.

1) 야임마 교회: 야훼＋임마누엘
2) 그레임마 교회: 그레이스＋임마누엘

3) 이음 교회

4) 그 교회

5) 하나 둘 교회

이렇게 교회 이름들을 서로 나누다 보니 암울한 현실에서도 밝은 웃음소리가 들린다.

우리는 교회다. '어떻게 하면 주님을 기쁘시게 할까?' 마음 쓰며 살아가는 교회다.

하나님은 사람을 통해 일하신다. 다메섹에서 예수님, 그 강렬한 빛을 만나 눈이 보이지 않던 바울에게 아나니아를 보내신 하나님. 바나바, 브리스길라와 아굴라 부부, 디모데, 실라, 루디아 그렇게 바울에게 하나둘 사람을 보내시며 일하신다.

chapter 3

베푸신 은혜에

감사

얼마가 지났을까?

눈을 뜨면 어김없이 자기를 들여다보는 아버지의 눈. 그
따뜻한 사랑의 눈빛을 올려다보는 아들은 또다시 아버지
품에 안긴다. 그 사랑에 겨워 이제 일터로 나가는 탕자. 감
사와 기쁨 그리고 감동 속에 일터가 쉼이고 쉼이 일이다.
일상이 예배이고 예배가 쉼이다.

으쓱으쓱

"어디 계세요? 헉헉. 아니 어떻게 벌써 4층까지 가셨어요?"
(으쓱으쓱)

"발이 정말 빠르시네요?" (으쓱으쓱)

"앗, 혜재 언니 순간 이동했다!" (으쓱으쓱)

5/2~5/19

휴스턴 → LA → 샌프란시스코를 다녀왔다.

출국 3일 전.

학교 안 작은 산 숲길을 걷는데 다른 사람들을 제치고 걷는 재
미 쏠쏠함. (으쓱으쓱) 그런데 웬걸? 갑자기 왼쪽 새끼발가락에 통
증이 왔다. 너무 심해서 왕복 두 번만 돌고 산을 내려왔다. 내려오
는 길 내내 특별한 메시지가 있는 것 같아 왠지 찜찜. 자꾸 찜찜. 3

일 내내 병원을 다니다가 왼쪽 다리를 절며 출국.

5/4(일)

사울이 죽은 후, 군사령관 아브넬은 이스보셋을 왕으로 세운다. 다윗이 속한 유다 지파와 아브넬과의 전쟁이 벌어지는 〈사무엘하〉 2장 QT.

> "그곳에 스루야의 세 아들 요압과 아비새와 아사헬이 있었는데 아사헬의 발은 들노루같이 빠르더라."(사무엘하, 2:18) (으쓱으쓱)

자신의 빠른 발을 믿던 아사헬. 아브넬의 경고를 무시하고 아브넬을 추격하던 아사헬. 결국 아브넬의 창에 찔려 비참한 죽음을 맞는 아사헬을 읽으며 빠른 발을 자랑하던 톡이.

🗨 톡이: 하나님~ 죄송해요. 빠른 발도 하나님이 주신 건데 참 많이도 으쓱으쓱 했었네요.

휴스턴의 한 교회. 예배 후 목사님이 말씀하신다.

"기도를 원하시는 분은 남아주세요. 특별히 오늘 왼쪽 다리가 불편한 분을 위해서 기도해드리겠습니다."

💬 톡이: 하나님~ 감사해요! 그런데 이왕이면 발이 편한 신발도 좀 사주세요.

신발을 사러 나갔다. 아니? 처음 보는 순간 이거다 싶은 샌들. 6시간을 돌아다녀도 전혀 발이 아프지 않은 마술 같은 샌들. 샌들을 신을 때마다 별것 아닌 것에 으쓱으쓱 하던 톡이 자신을 돌아본다.

카~!

우연을 가장한 하나님의 필연 ✝ 〈열왕기상〉, 22:29~40

10/30(목)

무슨 수를 써서라도 전쟁터에서 살아남으려 했던 이스라엘의
아합 왕. 그는 군인처럼 변장을 하고 전쟁터로 나간다.

> "그러나 우연히 쏜 적병의 화살 하나가 아합 왕의 갑옷 가슴막
> 이 이음새에 꽂혔다. 결국 아합은 하나님이 엘리야를 통해 하셨
> 던 심판의 말씀(네가 죽은 후, 네 피를 개들이 핥을 것이다) 그대로 비
> 참하게 생을 맺는다."(열왕기상, 22:34)

우리 삶에 우연이 있을까?

짝꿍과 함께 하와이를 다녀왔다.

10/30(목)

거의 만석인 비행기. 어인 일로 우리 옆자리 두 좌석이 비었
다. 캬~!

10/31(금)

빅아일랜드(Big Island)로 가는 비행기를 탔다. 마중나온 가이
드가 SUV에 우리 둘만 태웠다. 다른 사람들은 단체 버스에 태워
보냈다고? 캬~!

11/1(토)

잘못된 정보로 따뜻한 가을 옷만 갖고 떠난 톡이. 차로 달리는
데 기념품 가게가 눈에 쏘옥. 가이드에게 5분만 기다려 달라고 부
탁함. 드르륵. 휘리릭. 정확히 4분 만에 시원한 무무 한 장 걸치고
나온 톡이. 캬~!

누군가 말했지.
우연은
하나님의 Hidden sign(숨겨진 보화)이라고.

Hidden
sign

11/2(일)

호놀룰루 밤길. 억수같이 쏟아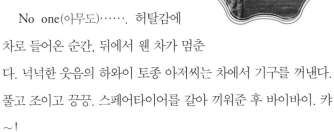
지는 빗길 렌터카의 타이어 펑크.
빗속에 짝꿍이 톡이 손잡고 기도.
손 흔들며 도움을 요청함.

No one(아무도)……. 허탈감에
차로 들어온 순간, 뒤에서 웬 차가 멈춘
다. 넉넉한 웃음의 하와이 토종 아저씨는 차에서 기구를 꺼낸다.
풀고 조이고 끙끙. 스페어타이어를 갈아 끼워준 후 바이바이. 캬
~!

11/3(월)

공항에서 대전행 버스를 탔다. 짝꿍이 자꾸 옛날 롯데호텔 쪽
에서 내리자고 하네? 짝꿍보다 먼저 튀어 내려간 톡이. 길 건너편
지나가는 택시 포착. 휘이휘이 U턴 손짓. 짝꿍이 짐을 내리기도
전에 버스 뒤로 와준 택시. 캬~!

누군가 말했지. 우연은 하나님의 Hidden sign이라고.

콩콩

1/22(목)

며칠 동안 감기로 씨름. 링거라도 맞아볼까? 맞고 나니 왠지 가뿐!

수술 예정인 한 예쁜이 남편이 떠올라 콩콩……. 병원에 튀어 가 꽃이랑 기도랑 콩콩…….

저녁엔 얼마 전 수술받았던 예쁜이가 떠올라 콩콩……. 집 앞에 꽃이랑 카드랑 콩콩…….

그렇게 1월이 다 갔다.

2/2(월)

을지병원에 주차하는 순간, '아차! 입관예배가 선병원이었잖아?' 콩콩…….

택시를 탔다. 선병원에서 나오는데 한 예쁜이가 옆으로 온다.

"차 어디 두셨어요?"

"을지병원에요."

마침 그 쪽에 볼 일이 있으니 태워주겠다고.

차에 타니 웬 허니버터칩? 꼭 줄 사람이 있어서 어렵게 구했단다. 2개가 남았으니 선물로 가지란다. 어젯밤 일이 떠올라 눈물이 났다.

😊 막내: 엄마 도대체 허니버터칩이 왜 그렇게 난리야? 좀 구해줘봐.

📱 톡이: 에휴 내가 무슨 수로 그걸 구한다니?

2/3(화)

4개월째 무릎관절로 입원 중인 교회 가족의 어머니 방문. 1년 반 전에 홀로 되신 또 한 가족의 어머니 방문. 자식 키우시느라 당신 몸을 돌보지 않으신 두 분은 우리 모두의 어머님이시다. 어머니를 함께 방문했던 예쁜이한테서 카톡이 왔다.

'오늘 목사님 만나서 정말 좋았어요. 목사님은 순수해서 참 좋아요. 목사님을 통해서 하나님 믿는 사람의 평안을 저도 느낄 수 있었어요.'

2/3(화)

이집트의 자랑이며 숭배의 대상인 나일강. 그 나일강이 마를 것과 이집트의 파멸을 예언하는 이사야의 말(이사야, 19:16)에 이집트 사람들이 여자처럼 소심하여 전능하신 여호와께서 그들을 벌하시려고 손을 뻗치는 것을 보고 떨며 두려워할 것이라고 한다. 순수함은 있다 없다 한다. 하지만 톡이의 깊은 곳에서부터 흐르는 평안은 마르지 않는다.

why?

1. 죄투성이 나를 예수님이 구해주셨기에(구원).
2. 매일 허니버터칩 같은 동행의 깜짝쇼가 있기에(임마누엘).

내일도 하나님의 'Q~!' 따라 콩콩…… 뛰어 다닐 톡이가 부를 찬양?

"내 맘을 다하여서 주님을 따르면 길이길이 나를 사랑하리니 물불이 두렵잖고 창검이 겁 없네 주는 높은 산성 내 방패시라."

때마침!

남편과 두 아들을 모두 잃고 홀로 된 나오미. 예쁜 며느리 룻은
아무리 말려도 머나먼 타국까지 시어머니를 따라왔다.

유일한 먹거리 해결책? 남의 밭에 가서 이삭을 주워 오는 것뿐.

룻이 나오미에게 말한다.(룻기, 2:1~10)

"제가 밭에 가서 이삭을 줍게 해주세요. 혹시 친절한 사람이라
도 만나면 제가 그를 따라 다니며 이삭을 줍겠습니다."(룻기, 2:2)

나오미의 허락을 받은 룻의 발길이 머문 곳은 시아버지의 친척
보아스의 밭이었는데…….

하나님의 계획 따라 맺어진 룻과 보아스는
결국 예수님의 족보에 기록된다.

"그때 마침 보아스가 베들레헴에서 막 도착하였다." (룻기, 2:3)

그렇게 하나님의 계획 따라 맺어진 룻과 보아스는 결국 예수님의 족보에 기록된다.

2003년 겨울

캘리포니아에 도착한 지 얼마 안 된 톡이. 차를 사려고 LA 시내에 나갔다. 한국과 다르게 여기선 무슨 Co-signer(보증인)가 있어야 한다네? 휴. 아는 사람이라곤 거의 없는 이곳에서 누구한테 부탁을 하지……? 반짝. 한 사람이 떠올라 전화를 걸었다.

🅣 톡이: 여차여차. 혹시 Co-sign을 해주실 수 있는지요?

😊 반짝: 물론이죠. 마침 제가 LA 시내에 나와 있어요!

차를 파는 사람은 톡이를 남겨둔 채 반짝님이 있는 곳으로 부르릉~. 서류 끝. 그날로 새 차를 몰고 왔다. 흰색 코롤라(토요타).

2015년 여름

신성동에서 대학로로 오는 커브길, 속도를 줄인 후 천천히 커브를 도는데 꽈당~! 속도를 내고 커브를 돌던 아저씨가 뒤에서 박았다. 쫘당~! 후덜덜. 머릿속이 하얗다.

창문 노크 소리. 톡이보다 더 후덜덜 아저씨 왈.

"괜찮으세요? 우선 병원부터 가셔야지요?"

후덜덜. 짝꿍 얼굴만 떠오르는 톡이. 때르릉~.

🅣 톡이: 여차여차. 오늘 서울 간다 그랬지?

😊 짝꿍: 괜찮괜찮. 나 마침 근처에 있어. 부르릉~ 달려와 해결해준

짝꿍.

다행히 몸에는 이상이 없었지만 이참에 톡이는 차를 바꾸었다.
흰색 프라이드(기아). 캘리포니아 흰 차 때와 똑같은 QT 내용(룻
기, 2:1~10)이었다. 때마침!

우리 비전트립 팀은 모두 10명. 우리나라의 60, 70년대를 떠오르게 하는 라오스의 한 마을. 가만히 있어도 땀비 내리는 한낮. 우리 팀의 예쁜이들이 초롱초롱한 눈빛 아이들의 머리를 잘라준다.

우리 교회 까페H의 수익금으로 세워진 유치원. 으쌰으쌰 페인트칠로 어느새 동화 속 하얀 집이 되었다. 그 작은 하얀 집엔 벌써부터 초롱초롱 눈망울들의 신나는 함성이 들리는 것 같다.

L교수는 10년 전, '인생의 후반부를 어떻게 살까?' 고민하며 자신의 분야인 공학을 통한 교육선교를 꿈꾸었단다. 그리고 선택하게 된 그 땅. 그곳에 공과대학을 세우기 원했던 그의 꿈은 이제 그곳 대학의 초청으로 올해 그 첫걸음을 내딛게 되었다. 그리고 머잖아 공과대학이 따로 분리되어 세워질 계획을 보게 되었다.

전쟁 후 거의 모두가 가난했던 시절. 교회에서 주는 알사탕이 너무 맛있어서 뽀르르 달려가던 한 소년에겐 누나가 있었단다. 어려운 가정 형편으로 누나는 공부의 기회를 동생에게 양보했단다. 하지만 머리가 명석했던 누나는 늦깎이 공부를 해서 전도사가 되었는데 그만……. 가슴시리고 아픈 그의 이야기가 계속되었다.

그러면서 오늘이 있기까지 10년 동안 지치고 외로웠던 시간들을 술술 풀어놓던 동생이 갑자기 한마디를 한다.

"누님! 내가 지금 땡깡 부리는 거예요. 나도 이제 땡깡 부릴 누님이 있는 거라구요!"

그가 했던 이 한마디가 톡이 발을 계속 그 땅을 밟게 할 것 같다.

7/14(목) ✝ 〈욥기〉 10:1~22

비난 정죄 충고로 시달리던 욥이 친구들에게 말한다.

"나는 삶에 지쳐버렸다. 마음껏 불평도 해보고 내 영혼의 괴로움을 털어놓아야겠다."(욥기, 10:1)

땡깡(하소연)을 부리던 욥이 친구들에게 원했던 것은 침묵과 경청 그리고 인정이 아니었을까?

메에에~

그동안 가는 곳마다 '코리아 쨕!' 하는 칭찬을 참 많이 들었었다.

😊 두바이: 코리아에서 왔다고? 버즈 칼리파 가봤지? 삼성맨들이 지었잖아. 최오!

😊 요르단: 코리아? 너네 중고차를 샀거든? 쨩이야!

😊 페루: 코리아⋯⋯ 난 너네가 전쟁을 치렀던 나라라는 게 믿을 수 없어!

한반도가 온통 혼란스럽던 지난 늦가을. 11월 19~25일 뉴질랜드를 다녀온 톡이의 어깨가 추욱 쳐졌다.

😊 롭(Rob): North Korea(북한), 김정은? Must be crazy, right(분명 미친 거야, 맞지)?

11/21(월) ✝ 〈스가랴〉 11:1-17

"'너는 도살당할 양떼를 먹여라. 양떼를 산 자들은 양떼를 죽여
도 벌을 받지 않는다고 말하고 있고 양떼를 판 자들은 '여호와를
찬양하세. 내가 부요하게 되었다' 하며 그 목자들까지도 양떼를
불쌍히 여기지 않는다"(스가랴, 11:4-5)

하나님은 계속해서 양떼를 돌보지 않는 목자에 대해 말씀하
신다.

"내가 이 땅에 한 목자를 일으키겠다. 그는 죽어가는 양을 돌보
지 않고 길 잃은 양을 찾지도 않으며 상한 양을 고치지 않고 건
강한 양은 먹이지도 않을 것이며 살진 양의 고기를 먹고 그 발굽
을 찢을 것이다. 양떼를 버린 못된 목자에게 화가 있을 것이다.
칼이 그의 팔과 오른쪽 눈을 칠 것이니 그의 팔이 완전히 마비되
고 오른쪽 눈이 아주 어두워질 것이다."(스가랴, 11:16-17)

뉴질랜드 어디를 가나 푸른 풀밭에 모여 있는 양떼……. 교회

가족들이 생각난다. 수술 후 회복 중인 딸들. 투병 중인 아버지를 돌보는 딸. 학교에서 억울함을 겪는 아이의 엄마. 산후 우울한 시간을 보내는 부부. 직장을 찾고 있는 남편.

떠오르는 대로 카톡 인사를 나누었다.

💬 답톡: 메에에~ 신랑 오늘 면접 보러 가는데, 딱 연락을 주셨네요?

💬 또톡: 정말요? 커피 할 시간 되고 말고요! 메에에~

💬 메톡: 메에에~ 친정표 고구마 맡겨 놓았으니 꼭 찾아가세요.

한국에 돌아왔다.

(월) 오전 6시: 세브란스. 큰 수술을 앞둔 청년과 함께 기도

(화) 오전 9시: 깊은 상처를 딛고 일어서려는 딸과 커피

12시: 아가를 기다리는 영커플과 점심

3시: 억울한 재판에 걸려든 딸과 상담

4시: 7차 항암치료를 기다리는 가족 만남

"내 양은 내 음성을 알아듣고 나는 그들을 알며 그들은 나를 따른다."(요한복음, 10:27)

톡이는 주님 품에 안긴 한 마리 양이다. 메에에~.

뉴질랜드 어디를 가나 푸른 풀밭에 모여 있는 양떼……
교회 가족들이 생각난다.

"내 양은 내 음성을 알아듣고 나는 그들을 알며 그들은 나를 따른다."
주님의 말씀이다.

나눔!

10시 소그룹 모임. 12시 선교사님과 점심. 2시 상담. 5시 심방. 9시 응급실 심방. 거의 일주일 내내 아침부터 밤까지 약속이 있어 콩콩 튀어 다녔다.

7/5(수)

오옷? 간만에 오전 스케줄 free. 쒼난닷~! QT 먼저 해야지.

"성령님이 너희에게 오시면 너희가 권능을 받아 예루살렘과 온 유대와 사마리아와 땅 끝까지 이르러 내 증인이 될 것이다."(사도행전, 1:8)

"믿는 사람들은 다 함께 지내며 모든 것을 서로 나누어 쓰고 재

산과 물건을 팔아 각자의 필요에 따라 나누어주었다. 그들은 한 마음으로 날마다 성전에 모이기를 힘쓰고 집집마다 돌아가면서 성찬을 나누고 기쁨과 진실한 마음으로 함께 식사하며 하나님을 찬양하고 모든 사람에게 칭찬을 받았다. 그리고 주님께서도 구원받는 사람이 날마다 많아지게 하셨다"(사도행전. 2:44~47)

초대교회 사람들의 삶은 나눔이다. 그들은 함께 모여 필요한 것들을 서로 나누고 성령님이 주시는 힘으로 튀어 나가 복음을 전한다. 레디~ 액션!

🅣 톡이: 주님~ 교회는 서로 함께 나누는 공동체네요. 오늘도 제게 주신
   시간 돈 재능 열정 나누며 살게요.
🅖 주님: ……

따르릉. 이 시간에 웬 전화? 사랑이가 다급한 목소리로 30분만 시간을 내달란다. 사랑이의 삶은 나눔이다. 교도소를 찾아가서 오카리나 연주를 들려주기도 하고, 선교지로 떠나는 찬양 선교사한테는 현지인들에게 기타를 사주라며 돈을 나누어주기도 한다. 그런 사랑이가 이른 아침에 무슨 일로 급하게 만나자는 거지? 9시 약속.

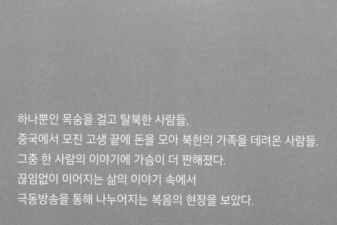

하나뿐인 목숨을 걸고 탈북한 사람들,
중국에서 모진 고생 끝에 돈을 모아 북한의 가족을 데려온 사람들.
그중 한 사람의 이야기에 가슴이 더 짠해졌다.
끊임없이 이어지는 삶의 이야기 속에서
극동방송을 통해 나누어지는 복음의 현장을 보았다.

부스럭부스럭. 사랑이가 텃밭에서 가꾸었다는 풋고추랑 꼬마 감자를 꺼낸다. 톡이한테 꼭 어울릴 것 같아 샀다는 원피스와 블라우스를 건넨다. 탈북자 교회에 전하는 헌금과 우리 스태프(staff)들에게 점심을 사주라며 봉투 2개를 톡이 손에 쥐어준다. 톡이는 주님이 주신 시간만 달랑 나누었는데……. 코끝이 찡해온다.

7/9(일)

한 탈북자 교회에 헌금을 전하려고 갔다. 북한 말투로 주님께 드리는 그들의 기도 속에는 그 땅에 예수님을 전하고 싶은 소원이 절절하다. 예배 후 미리 준비된 야채 위주의 점심 뷔페를 함께 나누었다.

하나뿐인 목숨을 걸고 탈북한 사람들, 중국에서 모진 고생 끝에 돈을 모아 북한의 가족을 데려온 사람들. 그중 한 사람의 이야기에 가슴이 더 짠해졌다. 북한에서 이불을 뒤집어쓰고 극동방송을 듣는 언니가 미웠단다. 쌀을 사야 하는데 그 아까운 돈으로 라디오 건전지를 사는 언니가 미웠단다. 하지만 이제 그 동생은 언니처럼 교회에 나와 예배를 드린다. 끊임없이 이어지는 삶의 이야기 속에서 극동방송을 통해 나누어지는 복음의 현장을 보았다.

"그들은 계속 사도들의 가르침을 받고 서로 교제하며 성찬을 나누고 기도하는 일에 전적으로 힘썼다. 사도들을 통하여 놀라운 일과 기적이 많이 나타나자 사람들은 모두 하나님을 두려워하게 되었다."(사도행전, 2:42~43)

이야기가 있는 QT

오랜만에 QT 세미나가 열렸다. 수요일 저녁 3번. 제목을 뭐라고 할까? 갸우뚱, 잠이 들었다. 잠에서 깨어나자마자 떠올려주신 제목. 〈이야기가 있는 QT〉 1) 나의 사랑 2) 나의 어여쁜 자야 3) 일어나 함께 가자. 톡이 생애 가장 아름다운 선물인 QT. 그 31년의 여정을 돌아보게 하시는 듯.

나의 사랑

12/6(수)

함박눈이 내리네? 세미나 오는 밤길, 차 속에서 97년 겨울 이야기가 떠오름. 구리에서 투병 중인 한 아버님 병문안을 가기로 했던

12월 12일. 폭설이 왔다. 함께 가기로 했던 사람들이 모두 취소. 하지만 톡이의 발걸음을 결정하게 만든 그날의 QT.

"그대는 어떤 형편에서든지 항상 말씀을 전하시오……"(디모데후서, 4:2)

빙판길 고속버스에 올랐다. 구리에 도착하니 중환자실 면회가 8분 정도 남았다. 의식이 없던 아버님이 그날 아침, 눈을 뜨고 또랑또랑한 눈빛으로 돌아왔다고 한다. 목에 호스를 꽂은 왕불교 아버님은 그 아침, 고개를 끄덕이며 예수님을 받아 들이셨다. 어머님과 함께 점심을 먹다가 어찌어찌 불교 어머님도 예수님을 받아 들이셨다. 그리고 아버님은 기독교 장으로 지내달라는 유언 속에 하늘로 이사하셨다.

나의 어여쁜 자야

12/13(수)

2005년 가을. 학교 주차장에서 살짝 남의 차 범퍼를 긁는 것 같은 느낌. 순간 내려보니 긁은 흔적이 거의 안 보임. 앗싸~ 가능한 한 먼 곳에 주차 후 문을 쾅 닫는데 가슴이 쿵. 아침 QT 말씀이 떠오름.

> "이스라엘아, 내가 너를 영원히 내 아내로 삼아…… 진실함으로 너를 맞을 것이니 내가 나를 여호와로 인정할 것이다."(호세아, 2:19~20)

낡은 차로 다시 갔다. 연락처를 적은 메모지를 창문에 붙이고 돌아왔다. 차주인 청년을 만나 수리비 382불을 주고 왔다. 일주일 후 청년이 다시 만나자고 연락이 왔다. 뽀르르 달려가니 청년이 하는 말. 하나님이 자신에게 두 가지를 말씀하셨단다.

하나) 너는 나보다 차를 더 사랑했다.
두울) 너는 사람(톡이)보다 돈을 더 사랑했다.

맑은 눈빛의 브라이언(Brian)은 하나님을 와방 잘 믿는 청년 같았다. 낡힌 부분이 눈에 띄지 않아 굳이 고치지 않아도 될 것 같아 망설였었다는 청년. 그는 돈을 다시 돌려주었고 톡이는 차를 낡던 날의 QT를 나누었다. 우리는…… 정직과 진실로 살아가길 원하시는 하나님의 마음을 조금 더 깨닫게 되었다.

일어나 함께 가자

12/20(수)

2008년 봄날 아침. 〈아가서〉 QT를 열었다. 〈아가서〉는 못 말리는 하나님의 진~한 사랑 이야기.

> "내 사랑하는 님이 말한다.
>
> (남자) 나의 사랑, 나의 님이여 일어나 함께 갑시다."(아가서, 2:10)

하루 종일 콩콩 튀어 다니다 집에 돌아오니 경비실에서 연락이 왔다. 아까 누가 뭘 맡겨놓았는데 좀 찾아가라고. 두근두근. 갖고 와서 펼쳐보니? 막내가 친구 편에 자기네 학교 커플 티랑 작은 곰과 오리 인형을 보내왔다.

'웬 곰과 오리?'

아하! 막내가 우리에게 별명을 붙여 줬었다. 아빠는 곰, 엄마는 오리. 바닥에 널브러져 있는 오리를 곰이 오른손으로 잡아 일으키는 인형들……. 마치 지친 톡이의 손을 잡아 함께 가자고 일러주시는 하나님의 사랑처럼 느껴졌다.

킁킁

수요일 저녁 성경공부가 시작되었다. 톡이는 〈하나님의 성품〉이라는 주제로 강의를 하고 있다.

5/23(수)

하나님의 사랑에 대한 강의 내용은?

1) 하나님의 사랑은 영원하다.
2) 하나님의 사랑은 예수님을 통해 증명되었다.
3) 하나님의 사랑은 조건이 없다.

조건 없는 하나님의 사랑을 〈누가복음〉 15장에 나오는 돌아온 탕자에 초점을 맞추어 강의를 했다. 우리는 렘브란트의 그림 〈돌

내 아들! 죽은 줄 알았던 내 아들 ……
내 아들! 이게 꿈이냐 생시냐 내 아들…….
내가 여러 해 아버지를 섬겨 명을 어김이 없거늘 내게는 염소새끼라도 주어 내 벗으로 즐기게 하신 일이 없거늘…….
제가 죄를 지었어요!
감히 아버지 아들이 다시 될 수는 없어요!
아버지 집의 품꾼의 하나로 써주세요…….

아온 탕자)를 스크린을 통해 보며 함께 생각해보았다. 그리고 톡
이의 삶을 되돌아보며 정리한 '5R'에 관한 설명으로 강의를 끝맺
었다.

5R

Remember: 기억(추억)

돼지를 치며 연명을 하던 아들. 이젠 돼지밥조차 얻어먹을 수
없어서 죽게 되었을 때, 탕자는 아버지 집의 먹을거리를 기억(추
억)한다. 먹을거리와 함께 아버지의 주름진 얼굴, 그 따뜻한 목소
리, 그 좋은 아버지의 집(품)을 추억한다.

Return: 귀향

후회와 회한에 가슴을 치며 오직 한 곳, 아버지 집을 향해 걸
음을 옮긴다.

Restore: 회복(되찾음)

비렁뱅이 아들의 모습을 먼저 알아본 아버지는 맨발로 달려나
와 목을 끌어안고 뽀뽀를 한다.

"제가 죄를 지었어요! 감히 아버지 아들이 다시 될 수는 없어요! 아버지 집의 품꾼의 하나로 써주세요……."

아버지 귀에는 아들의 말이 들리지 않는다. '내 아들! 죽은 줄 알았던 내 아들…….' 손에 아버지 가문의 반지를, 아버지 품격의 옷을, 아버지 사랑의 신발을 신겨준다. '내 아들! 이게 꿈이냐 생시냐 내 아들…….'

Rejoice: 환희(축제)

"얘들아 제일 살진 송아지를 잡아라! 우리 모두 함께 먹고 즐기자구나!"

'죽었다가 다시 살아 돌아온 내 아들, 영영 잃어버린 줄 알았던 내 아들, 다시는 얼굴을 볼 수 없을 줄 알았던 내 아들…….'

"동네방네 모두 오시오! 우리 집에 오시오! 함께 먹고 즐깁시다!"

Rest: 안식(누림)

몇 날 며칠을 쓰러져 잤을 탕자. 아니 몇 달 몇 년을 먹고 쓰러져 자고 또 쓰러져 자고……. 잠에서 깨면 킁킁 무슨 냄새가 난다. 익숙한 냄새, 돼지 냄새, 돼지밥 냄새, 죄 냄새, 반항의 냄새, 집을 뛰쳐나가던 냄새, 손가락질 받던 냄새, 절절했던 외로움의 냄새 킁킁.

얼마가 지났을까?

눈을 뜨면 어김없이 자기를 들여다보는 아버지의 눈. 그 따뜻한 사랑의 눈빛을 올려다보는 아들은 또다시 아버지 품에 안긴다. 그 사랑에 겨워 이제 일터로 나가는 탕자. 감사와 기쁨 그리고 감동 속에 일터가 쉼이고 쉼이 일이다. 일상이 예배이고 예배가 쉼이다.

강의를 마치고 일주일 전에 약속했던 한 가정에 잠깐 들렀다. 우리는 식탁에 둘러앉았다. 순간! 일행 중 한 사람이 냉장고에 붙어 있는 마그넷을 가리킨다.

앗? 렘브란트의 〈돌아온 탕자〉 마그넷!

조건 없는 하나님의 사랑은 그렇게 우리 일행과 함께 밤길에 한 가정을 방문해주셨다.

한 사람

#1 1995년 여름

톡이 마음에 QT 운동(집회)을 하자는 생각이 들었다. 어떤 생
각이 들면 QT 말씀으로 확인을 하곤 하는 톡이.

"주 여호와는 나의 힘이시니 나의 발을 사슴의 발과 같게 하셔서
나를 높은 곳에 다니게 하시리라."(하박국, 3:19)

이 말씀을 붙들고 1995년 가을, KAIST 강당에서 첫 QT 집
회를 열게 되었다. 집회를 준비하는 동안 하나님께 세 가지 기도
를 드렸다.

1. 객석이 다 차도록.

매일 아침 6시 15분에 방송 QT를 해달라는 부탁. 못 말리는 우리 하나님의 QT 홍보 전략? 대박! 톡이는 방송 인터뷰 내용이 담긴 CD에 제목을 붙였다. 꿈꾸는 QT, 춤추는 QT.

2. 뒤쪽에 사람들이 서도록.

3. 보조 의자를 깔도록.

결국, 하나님은 이 세 가지를 다 이루어 주심으로 톡이의 QT
를 확인시켜 주셨고 두란노의 천만 QT 운동은 그렇게 시작이 되
었다.

#2 2000년 봄

톡이 마음에 또 QT 운동을 하자는 생각이 들었다. 떠오르는
장소인 한빛감리교회로 달려가는 사슴 발 톡이. 담임 목사님을 찾
아뵙고 장소 사용 허락을 받았다. 하지만 날짜(5월 31일)가 다가올
수록 자신이 없어 쪼그라드는 톡이. 집회 당일 아침, 하나님께 QT
말씀으로 확신을 달라고 기도드렸다.

> "하나님은 나를 강하게 하시고 내 길을 안전하게 하신다. 그
> 가 내 발을 사슴 발 같게 하여 나를 높은 곳에서도 서게 하시며
> 나를 훈련시켜 싸우게 하시니 내가 놋활도 당길 수 있게 되었
> 네."(시편,18:32~34)

#3 2004년 봄

얼바인. 하나님이 톡이 마음에 또 QT 운동을 하라시는 듯.

🅣 톡이: 여긴 미국, 맨땅에 헤딩?

🅖 주님: 홍보는 내가 한다(고 말씀하시는 듯).

🅣 톡이: 아니 홍보를 하신다니욧? 여기선 QT 운동 못해요. 전 안 한
다구욧!

2004년 3월 3일 ✝ QT 〈사사기〉 1장 22~36절

여호수아가 죽은 후, 유다 지파에 이어 요셉 지파가 벧엘을 치
러 올라가는 이야기. 그들은 치밀한 계획을 짠 후, 먼저 정탐꾼들
을 보내서 벧엘을 자세히 살펴보려고 했지만 벧엘은 이스라엘의
공격에 대비, 성 입구를 봉쇄하였다. 그때……

> "정찰병들이 성에서 나오는 한 사람을 붙들고 '성으로 들어가는
> 길을 말하라. 그러면 우리가 너를 해치지 않겠다' 하고 위협하자
> 그가 성으로 들어가는 길을 가르쳐주었다. 그래서 요셉 자손들
> 은 성으로 들어가서 성 주민들을 모조리 칼로 쳐 죽이고 길을 가
> 르쳐준 그 사람과 가족은 살려주었다."(사사기, 1:24~25)

🅣 톡이: 주님~ 제게 한 사람을 주세요. 그럼 QT 운동을 할게요.

🅖 주님: ……

   그날 오후, 미주 복음 방송국의 한 사람!
손영혜 아나운서로부터 연락이 왔다. QT
인터뷰를 하고 싶다고. 그리고 매일 아침
6시 15분에 방송 QT를 해달라는 부탁.
못 말리는 우리 하나님의 QT 홍보 전략?
대박! 톡이는 방송 인터뷰 내용이 담긴 CD
에 제목을 붙였다. 꿈꾸는 QT, 춤추는 QT.

돌봄

내일 아침 QT 인도를 위해 《WAFL》을 펼쳤다.

"얘들아 제발 내게로 돌아오렴! 아니면 너희들이 바벨론에 포로로 끌려간단다!"

결국 하나님의 경고대로 바벨론이 예루살렘성을 점령했다. 그러자 유다의 원정군인 바로의 군대가 이집트 국경을 넘어서 진격하고 바벨론 군대가 이집트와 맞붙기 위해 잠시 예루살렘에서 철수한 사이, 예레미야는 개인적인 볼일로 베냐민 땅으로 간다.

하지만 덜컥 불심 검문에 걸린 예레미야. 지하 토굴 감방에 갇히고 만다. 얼마 후 시드기야 왕은 예레미야를 왕궁으로 불러 "하나님이 하신 말씀이 있느냐?" 묻는다.

예레미야는 왕이 곧 바벨론왕의 손에 넘어가게 될 것이라고 말한 후 자신을 지하 감방으로 다시 돌아가지 않게 해달라고 탄원한다. 시드기야는 그를 지하 토굴 대신 궁중 감옥에 가두고 신하들에게 매일 빵 한 개씩 갖다 주라고 명령한다.

"그래서 예레미야는 성 안에 빵이 다 떨어질 때까지 그 빵을 얻어먹고 그곳에 머물러 있었다."(예레미야, 37:21)

예레미야를 보시는 하나님을 생각(QT)하는데 따르릉. 폰이 울린다. 오카리나를 부는 예쁜이의 전화. 통화내용? 5월 26일에 작은 음악회를 열려고 한다. 수익금으로 몇 학생들에게 작은 장학금을 주려고 한다. 혹시 톡이가 추천하고 싶은 학생이 있는가 묻는다. 순간, 휘리릭 톡이 마음에 스치는 한 학생(성실)을 추천했다. 그리고 5월 26일, 톡이는 성실엄마와 함께 그 작은 음악회에 튀어갔다.

음악회 후, 아름다운 사람들의 재능 기부를 통해 따뜻한 사랑의 돌봄이 전해졌다. 그 옛날 예레미야의 먹거리를 돌보셨던 하나님은 우리 자녀들의 먹거리와 학자금을 책임지신다, 오늘도.

왕의 식탁

긴 세월 직장에서 벌어지는 억울한 일로 너무 큰 스트레스를 받던 그림 그리는 예쁜이의 연락을 받고 보니 심쿵.

7/20(화) 아침 10시 카톡

😃 그림: 경주에 왔어요~.

📞 톡이: 와우. 누구라앙?

😃 그림: 남친이요.^^

📞 톡이: 예쁜 시간 보내세요.

예쁜 시간을 보내고 돌아온 예쁜이와 조촐한 식탁에 마주 앉았다.

7/20(화) 밤 10시 카톡

4년 전, 하도 삶이 고달파 한밤중, 월셋집 창문에서 뛰어내리려다가 톡이 생각이 나서 전화했다는 싹싹이. 그때 뛰어가서 안아 줬었는데 정말 오랜만에 카톡이 왔다.

> 😊 싹싹: 함께하는교회 예배를 영상으로 드리고 있어요~. 근데 목사님은 어디 계실까요? 출국하셨는지요? 영상으로라도 뵙고 싶었어요.
>
> 🅣 톡이: 이제야 연락하다니 궁금은 했구나. 고맙! 이놈아 코로나에 출국이라니? 난 대전에 있어요.

요리가 역대급 취미인 싹싹이가 뚝딱 차려줄 식탁을 약속했다.

7/21(수) 점심

가정을 최우선으로 생각하던 착한 남편이 올망졸망 세 아이를 남겨놓고 3년 전 하늘로 이사 갔다. 어떻게 살아냈을까 싶은 홀로 된 얌전이를 만났다. 얌전이와 특별한 점심을 나누고 싶었다. 놋그릇에 담긴 한정식 식탁을 마주하고 앉았다.

얌전이가 QT 이야기를 먼저 꺼냈다. 〈사무엘하〉 9장에 나오는 다윗, 요나단, 므비보셋 이야기. 요나단은 자신이 사울 왕가에서 유력한 왕위 계승자임에도 불구하고, 다윗이 왕이 될 것을 받아들인다. 둘 사이의 찐사랑, 찐우정.

요나단이 죽은 후, 다윗은 요나단의 부탁과 약속을 기억하고 그의 아들 므비보셋을 왕궁으로 데리고 온다. 사울과 요나단의 죽음에 너무도 놀란 므비보셋의 유모가 그를 안고 도망치다 떨어뜨려 양쪽 다리를 절게 된 므비보셋을. 다윗은 므비보셋의 할아버지인 사울 집안의 모든 재산을 그에게로 돌려주고 항상 왕궁에 살면서 다윗과 함께 식사하도록 하였다.

> "두 발을 저는 므비보셋은 항상 왕의 식탁에서 음식을 먹으며 예루살렘의 왕궁에서 살았다."(사무엘하, 9:13)

😊 얌전: 이런 식탁은…… 처음이에요.

📱 톡이: 나도 아주 특별한 때만 와요.

😊 얌전: 므비보셋이 생각나네요.

📱 톡이: 우린 다 므비보셋이 아닐까……?

다윗이 종들에게 말한다.

"므비보셋은 항상 왕궁에 살면서 나와 함께 식사할 것이다."

므비보셋이 말한다.

"이 종이 무엇인데 대왕께서 죽은 개와 같은 저에게 이런 친절

걱정하지 말게 요나단!
므비보셋은 나와 함께 항상 같이 있을 것이오.

아들 므비보셋을 잘 지켜주시오.

을 베푸십니까?"

얌전이와 냠냠 후 돌아오는 길, 하나님이 베풀어주신 은혜를 생각하니 톡이 뺨에 따뜻한 눈물방울 또르르.

"웬 말인가 날 위하여 주 돌아가셨네 이 벌레 같은 날 위해 큰 해 받으셨네"

그림이, 싹싹이와 카톡을 주고받으며 또 얌전이와 따뜻한 식탁을 마주하며 하루해가 저물고 밤이 왔다. 오늘도 톡이는 하나님께 한 노래를 불러드리고 꿈나라로 간다. 왕이신 나의 하나님 내가 주를 높이고 영원히 주의 이름을 송축하리다. 그리고 내일 아침엔 또 한 노래를 불러드릴 거다.

"공 공 공 공 나는 공주다 하나님 나라의 나는 공주다 내가 비록 어릴지라도 나는 공 나는 공 나는 공주다 내 앞길 가로 막는 자 모두 다 물리치리라 이 세상을 앞장서 가는 나는 공 나는 공 나는 공주다"

왕궁에서 기품 있는 왕족답게 힘찬 발걸음으로 출발, 횟팅~!

chapter 4

함께 기도하는

사람들

천둥 번개 폭풍, 새벽 별과 깊은 바다, 빛과 어두움
이 모든 것을 창조하신 하나님이 욥에게 물으신다.
누가 비를 내리며 풀을 자라게 하는가?
누가 배고파 우는 까마귀 새끼에게 먹을 것을 마련해주는
가? 누가 들나귀에게 자유를 주었는가?

빠샤빠샤~

톡이가 가장 기뻐하는 날? 일요일. 가장 기뻐하는 것? 함께하
는 기도.

주일예배가 끝나면 함께 기도하고픈 사람들이 앞으로 나온다.

3/1(일)

한 어머니가 앞으로 나와 기도제목을 나누었다. 외국에 있는
딸이 조산의 위기로 입원을 했다고. 350g의 작은 아가⋯⋯.

우린 요한 목사님과 함께 눈물로 기도했다.

3/3(화)

앗시리아 왕 산헤립 유다 침공, 성읍 점령. 기고만장 산헤립은
신하를 보내 차마 입에 담지 못할 말로 우리 하나님을 조롱한다.

그것도 모자라 협박 편지를 보낸다.

> "히스기야는 그 사람들에게서 받은 편지를 읽어 내려갔다. 그러
> 고 나서 여호와의 성전으로 올라가서 여호와 앞에 그 편지를 펼
> 쳐놓고 여호와께 기도를 드렸다."(이사야, 37:14~15)

우리 하나님? 앗시리아 군대 18만 5천 명을 빠샤빠샤~! 못
된 산헤립? 자신이 섬기던 신전에서 자신의 아들에게 살해된다.

QT 후 톡이도 하나님 앞에 기도 공책을 펼쳐놓고 기도드렸다.
어머니와 주고받은 카톡…….

> 🅣 톡이: 따님과 아가는 좀 어떤지요?
>
> 😊 엄마: 네, 목사님 감사드려요. 전 기도 받고 넘 편안한 마음으로 집에
> 왔답니다. 딸도 자궁 수축도 멈추고 아가도 배 속에서 잘 논대요. 오
> 늘 내일 중으로 퇴원할 수 있대요.

퇴원 후 쉼을 누린 예비 산모는 3/16(월) 다시 병원으로 돌아
가 출근(의사) 시작.

톡이가 가장 아끼는 것? 기도 공책.

"기도는 사랑하는 이의 주의를 끌기 위해 하늘의 창문에 던지는 작은 조약돌과 같다."

– 필립 얀시(Philip Yancy)

.

깨갱

8/30(일)

하윤 아빠는 7년 동안 눈물로 기도해왔다. 형처럼 알고 지내는 사장님이 교회에 나오기를. 그 사장님이 난생처음 교회에 나왔다. 하윤, 아빠 엄마, 오랫동안 교회를 쉬었던 장인 장모님과 처제, 그리고 하윤 아빠의 동생까지 모두 8명. 우리는 예배 후 함께 우르르 까페로 몰려갔다. 갓 구은 스콘과 커피⋯⋯. 톡이도 어느새 하윤네 가족이 되었다.

8/30(일)

오후, 사장의 아버님 위독. 중환자실에 입원.

8/31(월)

아버님 의식 없으심.

9/1(화)

마지막을 준비하라는 의사의 말. 목사님들과 함께 일반 병실로 옮기는 아버님을 지켜보았다. 의식이 돌아온 남편의 손을 잡고 "여보 나 누군지 알아?" "내 손 꼬옥 잡아봐요." 노부부의 아름다운 눈빛 대화 속에 목사님의 말씀과 기도, 그리고 세례가 이어졌다.

9/2(수)

am 5:00. 마악 잠에서 깨어난 톡이 영혼에 한 찬양이 흐른다.

"성령 감화 받은 영혼 하늘나라 갈 때에 영영 부를 나의 찬송 예수 인도 하셨네"

🅣 톡이: 주님~ 천국 데려가셨나 보네요? 맞아요?

🅖 주님: …….

휘리릭 폰을 여니 카톡이 와 있다.

천둥 번개 폭풍, 새벽별과 깊은 바다, 빛과 어두움 이 모든 것을 창조하신 하나님이 욥에게 물으신다. 누가 비를 내리며 풀을 자라게 하는가? 누가 배고파 우는 까마귀 새끼에게 먹을 것을 마련해주는가? 누가 들나귀에게 자유를 주었는가? 너는 가만히 서서 내가 행하는 신기한 일을 생각해보라는 하나님의 말씀에 욥이 대답한다.

> "나같이 보잘것없는 자가 주께 무엇이라고 대답하겠습니까? 다만 손으로 내 입을 가릴 뿐입니다"(깨갱)(욥기,42:4)

9/2(수)
위로예배.

9/3(목)
입관예배.

9/4(금)
하관예배.

Pray

"기도는 사랑하는 이의 주의를 끌기 위해
하늘의 창문에 던지는 작은 조약돌과 같다."

그 후로 한 번도 빠짐없이 교회에 나오는 젊은 사장과 어머님. 하나님은 하윤 아빠의 기도를 통해 불교도였던 한 가족의 구원을 이루어가신다. In his time, in his way(당신의 때에, 당신의 방식으로). 그 하나님 앞에 톡이도 납작 엎드려 깨갱.

Go go go

1/23(월) ✝ 〈누가복음〉 9장 37~62절

예수님은 홀로 기도하go, 때로 함께 기도하go. 죽음을 향해 한 걸음씩 옮기시는 예수님은 3인방(베드로, 야고보, 요한)과 함께 산에 올라 기도하신다. 산 위에서 영광의 광채와 눈부신 흰옷으로 덧입으신 예수님, Wow. 음성을 들으신다.

> "이 사람은 내가 택한 내 아들이다. 너희는 그의 말을 들어라."(누가복음, 9:35) (Wow 1)

산 아래로 내려오신 예수님은 간질로 앓고 있는 아이를 고쳐주신다. 산 아래에서 다시 시작되는 Healingo(고치고), Preachingo(설교하고), Teachingo(가르치고)……

천둥 번개 폭풍, 새벽별과 깊은 바다, 빛과 어두움 이 모든 것을 창조하신 하나님이 욥에게 물으신다. 누가 비를 내리며 풀을 자라게 하는가? 누가 배고파 우는 까마귀 새끼에게 먹을 것을 마련해주는가? 누가 들나귀에게 자유를 주었는가? 너는 가만히 서서 내가 행하는 신기한 일을 생각해보라.

톡이의 산 위는 'Wow'로 시작된다. 한 예쁜이가 심방을 부탁했다. 그런데 워쩌 워쩌? 예쁜이 이름을 깜빡. 아무리 갸우뚱해봐도 깜깜.

"하나님~ 이름 좀 제발 꼭 떠오르게 해주세요."

기도하고 잤다. 아침에 눈뜨자마자 예쁜이의 이름이 스친다!(Wow 1)

아침 일찍 웬 카톡.

😊 '저 시험에 합격했어요'(Wow 2)

가뜩이나 아침이면 도파민이 Up되는 톡이. 복도를 걸으며 찬양.

🔵 막내톡: 엄마 고마워요! 알람을 못하고 잤는데 엄마 노랫소리에 깼어요.(Wow 3)

이른 아침 웬 전화.

"너무 일찍이라 죄송한데…… 저희 고모부가 하늘나라 가셨어요."

'고모부? 아하. 여름에 고모부를 찾아갔었지! 고모부 귀에 예수님을 전했었지!'

한 깔끔이와 점심 후 최근에 이사한 톡이 집에서 커피. 이사 후 가구를 못 구해 휑했던 톡이네 집이 깔끔이의 선물로 따뜻해졌다. 우아한 레이스랑 조개모양 장식 초 3개랑.(Wow 5) 그리고 브로치까지! 오래전에 갖고팠던 바로 그 브로치!(Wow 6)

예수님이 머무시던 산 위의 광채와 음성? 톡이에겐 Wow가 아닐까 싶다. 뽀르르 산 아래로 내려온 톡이. 월요일이지만 목사님을 콕 찔러 장례예배 일정에 함께했다.

발인예배 후 예쁜이네 고모부 딸이 다가온다.

"목사님이라면…… 저희 엄마, 교회에 나오실 것 같아요. 엄마 마음이 많이 열리셨어요!"(Wow 7)

"주가 나와 동행을 하면서 나를 친구 삼으셨네 우리 서로 받은 그 기쁨은 알 사람이 없도다"

정직

1988년 여름

미국에서 1년을 살다 왔던 톡이네. 딸아이가 '영어 동화 구연 대회'에 나가게 되었다. 체류기간을 11개월이라고 쓴 후 신청 서류를 제출했다. 대회 이틀 전. 아이가 입고 나갈 옷을 준비 못한 것이 마음에 걸려 하늘 향해 쫑알.

🔵 톡이: 주님~ Prince Frog에 어울리는 초록색 원피스 어디 없어요?

🟢 주님: 한신코아. 시스템.

두 단어가 스쳤다. 한신코아는 알겠는데 시스템은 뭐지?

한신코아(지금은 세이브존)로 튀어가니 2층에 SYSTEM이라는 옷가게가! 심쿵. 초록 원피스가 딱 한 개 걸려 있네? 꺄악.

🅣 톡이: 주님~ 쌩유! 근데요 초록 원피스랑 어울리는 모자 한 개 없을까요, huh?

🅖 주님: 미경.

떠올려 주시는 이름 따라 아동복을 파는 미경이한테 전화. 빨리 와보라는 미경의 말에 튀어가 보니. 아침에 건넛집 옷가게에서 웬 모자 하나를 선물로 주더란다. 빨강 장미와 초록잎 무늬가 있는 모자. 초록 원피스와 딱! 심쿵.

대회 날 아침

1등 받을 아이 모습을 상상하며 튀어갔다. 가면서 찬찬히 생각

해보니 미국에 살았던 기간이 13개월이었다. 심사위원석에 가서 말을 할까하다가 개월 수가 많을수록 불리할 것 같아서 살짝 숨겼다. 대회 내내, 아이는 톡이가 봐도 참 잘했던 것 같았다. 결과? 장려상. 왕실망 후 앉아 있는데 한 단어가 스친다. 정직.

> "이스라엘이 죄를 짓고 말았다! 그들이 내 명령에 불순종하여 만지지 말라고 지시한 물건을 훔치고서도 그 사실을 속이고 그것을 자기 소유물 가운데 숨겨두었다."(여호수아, 7:11)

아간은 하나님이 모두 불태우라고 명령하신 전리품 중에서 뽀대 나는 외투 한 벌과 은덩이, 금덩이가 탐이 났다. 톡이도 대회에서 받고픈 1등이 탐이 났다. 그래서 정확한 체류기간을 숨겼다. 아간과 나의 모든 것을 꿰뚫고 계신 하나님.

> "주님, 주님께서 나를 샅샅이 살펴보셨으니 나를 환히 알고 계십니다. 내가 앉아 있거나 서 있거나 주님께서는 다 아십니다. 멀리서도 내 생각을 다 알고 계십니다. 내가 길을 가거나 누워 있거나 주님께서는 다 살피고 계시니 내 모든 행실을 다 알고 계십니다."(시편, 139)

아간은 하나님이 모두 불태우라고 명령하신 전리품 중에서 뽀대 나는 외투 한 벌과 은덩이, 금덩이가 탐이 났다. 톡이도 대회에서 받고픈 1등이 탐이 났다. 그래서 정확한 체류기간을 숨겼다. 아간과 나의 모든 것을 꿰뚫고 계신 하나님께.

QT를 시작한 지 31년이 되었다. 긴 세월, 무엇을 배웠나? Q & A.

Q : 사울의 몰락과 다윗의 등극을 허락하시는 하나님의 기준?

A : 사울이 죽은 것은 여호와께 범죄했기 때문이었다. 그는 여호와 의 명령에 불순종하고 영매를 찾아다니면서도 여호와에게는 물어보지 않았다. 그래서 여호와께서는 그를 죽이고 그의 나라를 이새의 아들 다윗에게 넘겨주셨다.(역대상, 10:13~14)

블레셋이 쳐들어왔다.

💬 다윗: 쟤들하고 싸울까요? 쟤들을 제 손에 넘겨주실 건지요?

🇬 주님: Go~!

블레셋이 또 쳐들어왔다.

💬 다윗: 어떻게 할까요?

🇬 주님: 정면 공격은 피해라. 쟤들 뒤로 돌아가서 기다렷! 뽕나무 위쪽

에서 발자국 소리가 들리면 즉시 Go~!(역대상, 14:10~15)

1983년

천만 원이 넘는 학자금 빚을 안고 막막한 마음으로 한국에 온
톡이네. 서울 사택에서 10년을 살다가 대전으로 이사, 23년을 조
합 아파트에서 살았다. 하늘 이사 전에 한번 새 집에서 살고 팠
던 톡이. Q & A를 통해, 창을 열면 숲이 보이는 새 집으로 이사.

톡이는 blue를 어마무시 좋아한다. 꼬질꼬질 소파를 버리고
구했던 blue 소파, 짠. blue 수국, 짠. 톡이가 한번 밥을 샀더니 고
맙다며 전해주는 선물? blue 찻잔, 짠.

🇹 톡이: 주님~ 꿈만 같아요. 이렇게 예쁜 집을 주실 줄이야! 파아란 하

늘, 초록빛 숲, 예쁜 새들의 노래. 이렇게 저희만 누리고 살아도 되

는 건지요?

G 주님: ······.

(반짝! 우울증으로 시달리는 한 사람을 집으로 초청)

T 톡이: 주님~ 울 교회엔 수술받은 아빠들이 꽤 많아요. 어떻게 하면 그분들을 아끼는 마음이 전해질까요?

G 주님: ······.

(반짝! 수술 후 홀로 투병중인 한 아빠와 점심 약속)

T 톡이: 주님~ 제게 QT를 선물로 주신 은혜, 무엇으로 갚을지요? QT를 통해 주님 마음을 조금씩 알아가는 기쁨을 어떻게 나눌지요? 《생명의 삶》으로 QT를 했을 때는 QT강의를 많이 했었는데······ 쯧. 《WAFL》 QT도 많이 전하고 싶어요.

G 주님 : ······.

(한 연구소에서 연락이 왔다. 6월 12일에 QT 강의를 해달라고.)

> "너는 마음을 다하여 여호와를 신뢰하고 네 지식을 의지하지 말아라. 너는 모든 일에 여호와를 인정하라. 그러면 그가 너에게 바른 길을 보이실 것이다." (잠언. 3:5~6)

주님~ 꿈만 같아요. 이렇게 예쁜 집을 주실 줄이야! 파아란 하늘, 초록빛 숲, 예쁜 새들의 노래. 이렇게 저희만 누리고 살아도 되는 건지요?

"귀를 만드신 자가 듣지 못하겠느냐? 눈을 만드신 자가 보지 못

하겠느냐?"(시편, 94:9)

아하!

8/1(화)

한 직장인 아빠와 점심을 나누었다. 원래 아가를 가질 수 없다던 의사의 판정을 받은 남편과 아내. 어느 날, 한 선교사로부터 이듬해에 아가를 가질 것이라는 말을 듣게 되었다. 부부는 그 이듬해에 아가를 갖기 시작, 현재 1남 2녀의 아빠가 되었다. 불가사의. 그는 자신의 이성과 지성으로는 도저히 이해되지 않는 하나님을 고민하고 있었다.

돌아오는 길.

🔵 톡이: 하나님~. 저분이 하나님을 갈망하는 것 같아요. 그의 삶에서 일어나는 불가사의한 모든 것은 하나님이 함께해주시는 실체라는 것을 깨닫게 해주세요. 하나님의 동행에 '아하! 아하!' 하며 살게 해

주세요.

8/7(월)

그 아빠에게서 QT와 기도 카톡이 왔다.

'나는 항상 여호와를 내 앞에 모셨다.

그가 내 오른편에 계시므로 내가 흔들리지 않을 것이다.

그래서 내 마음이 기쁘고 내 영혼이 즐거우며

내 육체도 안전할 것이다.(시편, 16:8~9)

😊 하나님을 항상 내 앞에 모시겠습니다.

내 안의 목마름을 채워주옵소서.

오늘 임 목사님이 간구하는 것은 다 들어주십시오.

예수님의 이름으로 기도했습니다. 아멘.

평소 산책길엔 아무것도 안 듣는 톡이. 오늘따라 이어폰을 갖고 나왔는데…… 뭘 듣지?

유기성 목사님이 떠오른다. 유튜브(Youtube)을 여니 유 목사님의 설교가 좌르르 뜬다. 하이고, 많기도 해라. 뭘 듣지? 〈매일의 평범한 삶에서 이기는 훈련을 하라〉? 왠지 제목이 땡김. 유 목사님이 설교 전 말씀을 읽는데 깜놀! 바로 〈시편〉 16:8~11. 유 목사님의 설교가 시작된다.

"주님이 여러분과 늘 함께 계시는 것을 여러분이 실제로 알고 경험하고 살게 되기를 축복합니다. 주님이 나와 함께 계시다는 것을 믿는 것하고, 주님이 실제로 나와 함께 계시는 것을 구체적으로 경험하는 것하고는 차이가 있습니다.

주님이 나와 함께 계시다고 믿기는 해요. 그러나 실제로 어떻게 함께 하시느냐고 물어보면 아무것도 말을 할 수가 없어요. 그냥 함께 계실 것이라고 믿는다고 그렇게 이야기합니다. 이런 믿음은 아무 힘이 없습니다. 주님이 나와 함께 계시는 것을 날마다 매 순간마다 경험하는 것은 정말 놀라운 일입니다."

산책길, 다리 놓는 사람들이 톡이 눈에 쏘옥. 아하! 그래서 오늘따라 산책길에 만 원 한 장을 주머니에 넣고 왔구나. 마침 건너편 드롭탑이 눈에 쏘옥. 뽀르르~ 음료수를 사서 아저씨들과 나누었다.

"마리아가 아들을 낳을 것이다. 그의 이름을 '예수'라고 불러라. 그가 자기 백성을 그들의 죄에서 구원하실 것이다."(마태복

176

주님이 나와 함께 계시다는 것을 믿는 것하고, 주님이 실제로 나와 함께 계시는 것을 구체적으로 경험하는 것하고는 차이가 있습니다. 주님이 나와 함께 계시는 것을 날마다 매 순간마다 경험하는 것은 정말 놀라운 일입니다.

음, 1:21)

"'처녀가 임신하여 아들을 낳을 것이며 그의 이름을 '임마누엘'
이라 부를 것이다.' 임마누엘은 '하나님께서 우리와 함께 계신
다'는 뜻이다."(마태복음, 1:23)

"내가 너희에게 명령한 모든 것을 가르쳐 지키게 하라. 내가 세
상 끝날까지 항상 너희와 함께 있겠다."(마태복음, 28:20)
"그때 나는 보좌에서 큰 소리로 이렇게 말하는 것을 들었습니다.
'이제 하나님의 집이 사람들과 함께 있다. 하나님께서 사람들과
함께 계시고 그들은 하나님의 백성이 될 것이다. 하나님이 몸소
함께 계셔서……."(요한계시록, 21:3)

별밤

6/29

교회 스태프들과 함께 미국으로 비전트립을 떠났다. 아들 다섯, 딸 하나 모두 7명.

떠나는 날, 빡빡머리 영락없는 중국인 가이드 모습으로 나타난 한 아들을 보며 혹시 우리를 장가계(張家界)로 안내하면 어떡하나 싶어졌다. 쉐쉐.

LA 도착. 첫날 저녁은 공항 근처에 있는 '인 앤 아웃 햄버거'를 냠냠. 캘리포니아에만 있는 햄버거. 종이컵 아래쪽에 쓰여 있는 〈요한복음〉 3장 16절이 눈에 뜨인다. 모두 행복 만땅.

출국 전 함께 읽은 책을 통해 선택한 교회들을 방문하며 우린 각 교회들의 과거, 현재, 미래의 모습을 엿볼 수 있었다. 2003년 첫 비전트립을 다녀온 후 시간이 많이 흘렀다. 그때는 부러운 것들이 정말 많았었다. 외형적인 부분을 포함해서 교회의 목회철학과 아우러진 독특한 아이디어, 프로그램, 실행능력 등.

이번엔 사람이 눈에 들어왔다. 교회를 개척했던 한 사람과 그에게 주신 비전 따라 함께 섬기는 사람들. 그 무더운 땡볕 아래서 예배드리러 오가는 사람에게 부채를 선물하는 한 사람. 교회란 이 모든 사람이 함께 빚어져 가는 것이 아닐까 싶어졌다.

7/25

저녁 후 거실에 둘러앉은 우리에게 한국에서 아픈 소식이 왔다. 찬양팀에 있는 한 친구의 아버지가 큰 교통사고로 눈, 왼쪽 무릎, 오른쪽 발목의 수술을 앞두고 있다는…… 우리는 한 마음, 한 눈물로 기도드렸다. 수술은 잘 끝났고 이제 우리는 아버지의 회복을 위해 기도하고 있다.

한 교회에서 오랜 시간을 함께해왔지만, 우리는 서로를 잘 몰랐던 것 같다. 렌터카에서 에어비앤비까지, 그리고 매일의 일정을 위해 쉬지 않고 정보를 캐고 다니는 쉐쉐. 행여 자신의 약한 몸이 민폐가 되지 않기 위해 애쓰는 뮤지션 꺽다리. 보는 것마다 엉뚱 질문으로 빵 터지게 하는 호기심 천국 덩달이. 톡이보다 훨씬 아보카도를 예쁘게 잘라 아침 식탁을 차리곤 하는 아티스트 후니.

그림자처럼 말없이 함께하다가 추억이 될 만한 곳에선 어김없이 폴라로이드를 뽑아주는 찍사. 거침없는 영어로 필요할 때마다 튀어나와 도움을 주는 총명이.

여행을 하면 그 사람의 성품을 알 수 있고 여행 중에는 작든 크든 서로에게 마음 상하는 일들이 있게 마련일 텐데……. 서로 조심하며 배려하던 우리 팀. 앞으로도 계속해서 주님과 함께 더 예쁜 교회로 빚어져 가고 싶은 마음으로 별빛 쏟아지던 날의 QT를 새겨본다.

"여러분은 사도들과 예언자들이 놓은 기초 위에 세워진 집이며 그리스도 예수님은 친히 그 머릿돌이 되셨습니다. 머릿돌이 되신 그리스도 예수님 안에서 건물 전체가 서로 연결되어 점점 거룩한 성전이 되어가고 여러분도 성령 안에서 하나님이 계실 집이 되기 위해 그리스도 안에서 함께 지어져가고 있습니다."(에베소서, 2:20~22)

밤하늘 별, 밤 별빛이 쏟아진다. 그네에 눕듯이 앉아 밤하늘 가득한 별빛 속 별들을 헤아린다. Milky Way. 왜 은하수를 그렇게 부르는지 알 것 같았다. 휘익~. 이쪽저쪽에서 포물선을 그리며 떨어지는 별똥별.

😊 아들: 아직 말하기엔 좀 이른 감이 있지만 훗날 제가 죽을 때 말예요. 가족들과 이런 곳에 누워 마지막을 맺어도 참 좋겠다는 생각이 드네요.

Ⓜ 엄마: 그치? 나는 죽을 때 마지막으로 하고픈 말이 뭔지 알아? 하.나.님. 감.사.해.요. 그러면 저 밤하늘에 별이 하나 반짝 더 생기겠지?

음악하는 아들은 기타가 없는 것을 아쉬워하더니 거실로 들어간다. 피아노를 몇 번 살짝 치면서 곡을 쓰는 눈치.

별빛 쏟아지던 밤. 하나 둘 모두 잠자러 들어간 그 밤에 톡이는 한 노래를 불러드렸다.

"사랑해요 나의 예수님 소리 높여 주 이름 찬양 만왕의 왕 나의 예수님 주님 귀에 곱게 곱게 울리리."

하나님은 톡이가 아주 어릴 때 불렀던 한 노래로 답해주셨다.

"샛별 같은 두 눈을 사르르 감고 주님의 이름을 부르노라면 우리 주님 마음에 하시는 말씀 아이야 나는 너를 사랑하노라."

나는 죽을 때 마지막으로 하고픈 말이 뭔지 알아? 하.나.님. 감.사.해.요. 그러면 저 밤하늘에 별이 하나 반짝 더 생기겠지?

"사랑해요 나의 예수님 소리 높여 주 이름 찬양 만왕의 왕 나의 예수님 주님 귀에 곱게 곱게 울리리."

"샛별 같은 두 눈을 사르르 감고 주님의 이름을 부르노라면 우리 주님 마음에 하시는 말씀 아이야 나는 너를 사랑하노라."

눈이 부시게

책: 《하나님이 당신에게 윙크할 때》

저자: 스콰이어 러쉬넬(미국 TV 방송(ABC)에서 20년간 프로듀서를 맡았던 사람이다)

내용: 하나님의 윙크는 당신이 결코 혼자가 아니라는 사실(동행, 임재)을 알려주는 사인이다. 저자는 GPS를 '하나님의 항법 장치(God's Positioning System)'라고 표현한다.

"그렇다. 믿거나 말거나 하나님은 언제나 당신의 말을 듣고 계신다. 그분은 일상 중의 신기한 우연 때로는 기도 응답을 통해 수

십억이 넘는 사람들 가운데 바로 '당신'에게, 직접적이고 개인적인 위안의 메시지를 보내고 있다."

톡이의 QT는 일상과 성경의 만남이다. 성경은 창조에서 시작, 타락, 구원 그리고 새 창조(새 하늘, 새 땅)의 이야기책이다. 성경은 한 사람, 또 한 사람을 통해 일하시는 하나님의 동행, 임재의 History(역사), His story(그분의 이야기). 그리고 그 하나님은 바로 '톡이'의 일상 중에 따뜻한 윙크를 보내주신다, 눈이 부시게.

카페 매리어트(Marriot). 미성숙한 엄마가 성숙한 자녀를 원한다고 했던가? 딸과 한참 실랑이가 벌어졌다.

🇹 톡이: 얘야, 이젠 신데렐라 꿈을 좀 깨렴. 백마를 탄 왕자는 엄써윳.

😊 딸: 엄마 가만 쉿! 지금 스피커에서 신데렐라 노래가 나오고 있네?

카페 허니마켓(Honey Market). 서울 가는 고속버스를 타기 전, 딸이 눈에 안약을 넣자 뺨에 눈물방울이 또르르. 순간, 스피커에서 〈Tear drops〉라는 팝송이!

카페 커피빈(Coffee Bean). 딸의 생일 저녁 남냠 후 가족이 함께 한 카페에 들어갔다. 동그랗게 둘러앉아 커피 한 모금씩을 마시자

마자 스피커에서 들려오는 노래?

"Happy Birthday to you!"

> "원래 돌감람나무였던 여러분이 거기서 잘려서 참감람나무에
> 접붙임을 받았다면 원가지인 이 사람들을 본래의 참감람나무에
> 접붙이는 일이야 얼마나 더 쉽겠습니까?"(로마서. 11:24)

돌감람나무였던 톡이도 참감람나무 예수님께 접붙임을 받아
주님의 자녀가 되었다.

예수님의 기쁨1 : 돌감람나무들을 예수님께 접붙이게 하는 것
(전도).
예수님의 기쁨2 : 참감람나무 된 우리가 사랑 안에 서로 접붙
여지는 것(양육).

돌이켜 생각해보니 톡이의 은사 중 하나는 접붙임(=관계)인
것 같다. 교회 밖 사람들의 눈빛 속 외로움이 톡이의 가슴에 머물
면 주님께로 데려오고 싶은 톡이. 교회 안 가족들의 눈빛 속 외로
움이 스칠 때면 소그룹을 만들어 주고 싶어 못 견디는 톡이. 요즈

음은 특히 갓난 아가의 엄마들에게 필이 꽂히는 톡이. 교회 안에서 임신부를 보면 튀어가 예정일을 묻고 메모. 출산하면 꽃 한 다발 들고 튀어가 짧은 눈팅 기도 후 돌아온다.

번개팅에 모인 엄마들이 이야기한다. 이런 만남을 기다렸어요! 이런 모임이 있나 물어보려고 했어요! GPS 자동 작동 오바. 그렇게 접붙여진 모임은 모두 11명 아니, 배 속 아가까지 12명의 엄마들 소그룹 이 되었다. 번개팅 후 단톡을 만든다. 밤새 육아 방법, 유아식 종류, 유아용품 등 다양한 정보 카톡이 떴다. 무엇보다도 서로의 기도가 접붙여지니 우울하고 외로웠던 지난 일들이 "해 질 무렵 우러나는 노을의 냄새" 속에 녹아간다, 눈이 부시게.

별 하나 나 하나 심부름 하나 나 하나, 별 둘 나 둘 심부름 둘 나 둘. 하나님의 'Q~!' 따라 심부름해온 일들을 헤아릴 때면 톡이는 따뜻짱 행복짱이 된다.

8/19(월) ✝ 〈창세기〉 24장 1~20절 QT

엘리에셀이 이삭의 짝꿍을 구하러 심부름 가는 이야기. 140살 아브라함, 40살 이삭, 심부름으로 잔뼈가 굵은 착하고 충성된 종 엘리에셀. 심부름 내용? 가나안의 딸은 안 돼! 아브라함의 친척 중에서 구해야 해! 짝꿍이 가나안으로 안 오겠다고 해도 이삭을 데려가면 안 돼!

25년의 기다림 끝에 얻은 약속의 아들 이삭의 짝꿍을 구하러 가는 엘리에셀. 그를 향한 아브라함의 신뢰는 하나님의 신뢰가 아닐까? 바리바리 선물을 싣고 가던 낙타들을 쉬게 하려고 멈춘 한 우물가에서 엘리에셀이 기도를 한다. 이 막중한 일을 잘 해낼 수 있도록 도와달라고. 그리고 한 가지 사인을 구한다.

> "내가 한 처녀에게 '항아리를 기울여 물을 좀 마시게 해주시겠소?' 하고 물어보겠습니다. 이때 만일 그녀가 '마시세요. 내가 당신의 낙타에게도 물을 주겠습니다' 하고 대답하면 그 여자가 바로 주께서 주의 종 이삭을 위해 정하신 사람이 되게 하소서."(창세기, 24:14)

항아리를 기울여
물을 좀 마시게 해주시겠소?

마시세요. 내가 물을 길어와
당신의 낙타들에게도 실컷
먹이겠습니다.

그가 미처 기도를 끝내기도 전에 리브가라는 처녀가 물 항아리를 어깨에 메고 나왔다. (앗싸~) 그리고 엘리에셀이 구했던 사인대로 대답을 한다.

> "마시세요. 내가 물을 길어와 당신의 낙타들에게도 실컷 먹이겠습니다." (창세기, 24:15) (앗싸~)

오랜 시간 하나님의 심부름을 하면서 톡이가 깨달은 것이 있다. 하나님의 'Q~!' 따라 발걸음을 내딛기만 하면 필요한 모든 것을 이미(!) 준비해놓으셨다는 사실에 '앗싸~'를 날리는 톡이. 엘리에셀의 기도가 미처 끝나기도 전에 리브가가 와 있던 것처럼.

T 톡이: 주(인)님~ 오늘은 월요일, 쉬어도 되는 날이지만 제겐 주(인)님의 심부름이 쉼이니까. 쇤네 오늘은 무엇을 할깝쇼?

G 주님: …….

삐리리. 수술을 앞둔 예쁜이와 수술을 받았던 고운이들이 떠오른다. 아하. 번개팅을 한번 할까? 싶은데 누군가 함께 심부름할 친구가 있으면 좋겠다.

🅣 톡이: 혹시 오늘 점심 가능?

😊 친구: 오늘 1시에 누가 만나자고 했는데 그냥······ 취소할까 생각 중
이에요. (앗싸~)

이렇게 해서 친구와 수술 전후의 예쁜이들이 급번개 점심에 뭉
쳤다. 큰 수술 경험이 있는 고운이들은 서로의 지난 이야기를 나
누며 큰 수술 예정인 예쁜이를 격려하며 기도했다. 그리고 자연스
럽게 수술을 앞둔 사람들을 위해 기도하는 모임을 만들자고 다짐
했다. 기도팀 이름을 무엇으로 할까? 의논 후 '천사'로 정했다. 수
술을 앞둔 예쁜이에게 찬양이 녹음된 블루투스 스피커를 선물하
고 돌아와 다시 QT를 했다. 이삭의 짝꿍을 부탁하는 아브라함의
말이 가슴에 쏘옥 들어온다.

> "하늘의 하나님 여호와께서 내 아버지의 집과 고향 땅에서 나를
> 떠나게 하시고 이 땅을 내 후손에게 주겠다고 엄숙히 약속하셨
> 다. 그가 자기 '천사'를 네 앞서 보내실 것이다. 너는 거기서 내
> 아들의 신붓감을 구하여라."(창세기, 24:7) (앗싸~)

아브라함의 믿음을 키우시던 하나님은 엘리에셀의 믿음도 키
우신다. 140살 아브라함의 긴 여정과 함께하신 하나님. 약속하신

것들을 어김없이 이루어 가시는 그 하나님을 보면서 아브라함과 함께 그 믿음이 자란 것 아닐까? 그 하나님이 오늘도 천사 모임과 함께하신다.

신의 한 수

9/16(화)

진희와 커피 약속. 자신은 정말 속마음을 털어놓으며 함께 기도할 수 있는 소그룹을 원한다고 했다. 어느 소그룹에 넣을꼬? 고민하던 톡이는 '새 술은 새 부대에!'라는 생각이 들었다. 진희와 헤어질 때 갑자기 톡이가 갖고 있던 꽃무늬 작은 종지를 선물하고픈 마음이 스쳤다. 종지를 받아든 진희의 눈에 눈물방울 또르르. 처음으로 서예를 배우게 되어 먹물을 풀어쓸 종지를 사러 나가려던 참이었다니 참……!

9/17(수)

은주와 점심 약속을 했는데 은경이도 함께하면 어떨까 싶은 생각이 든다. 근데 첫 만남이라 서로 어색하고 당황하면 어떡하

지? (갸우뚱~)

😊 은주: 죄송해요. 버스 타고 오느라 좀 늦었어요.

🅣 톡이: 버스? 어디 살아요?

😊 은주: ○○마을.

😊 은경: 정말요? 몇 동?

　같은 마을 같은 동, 은주는 204호 은경인 403호. 이제부터 은경인 은주의 발이 되기로. 그렇게 진희 은주 은경인 약한 몸, 성실짱인 리더 미연과 함께 새 소그룹으로 뭉쳤다. 소그룹 이름? 신의 한 수.

9/21(토)

　톡이네 교회 카페 H. 들어가니 바삐 움직이는 영수 씨가 눈에 들어온다. 2년 가까이 매달 첫째 셋째 토요일 자원봉사를 해온 영수 씨 부부.

🅣 톡이: 힘들지요?

😊 영수: 아뇨. 제가 뭐 하는 거 있나요?

🅣 톡이: 그래도 2년을 한결같이…… 좀 쉬어야 하지 않겠어요?

😊 영수: …… 대타가 없을 걸요? 괜찮아요.

9/23(월)

미자랑 점심 약속.

😊 미자: 울 교회 카페 자원봉사 다 찼나요?

📞 톡이: 왜, 왜에? 봉사하려고? 근데 토요일엔 곤란하지요?

😊 미자: 전 괜찮아요. 토요일 어차피 찬양 연습하러 오니까 좀 일찍 오죠 뭐.

영수씨~ 10월부터 토욜 봉사 쉬어도 된다아~.

9/25(수) 📖 〈창세기〉 37장 1~22절

〈창세기〉 37장엔 야곱의 편애, 요셉의 꿈, 그리고 요셉이 이집트로 팔려가기 직전의 내용이 나온다. 요셉은 세겜에서 양떼를 치고 있을 형들의 안부를 살피러 심부름을 떠난다. 세겜에 와보니, 어어? 형들도 없고 양 떼도 안 보이네?

> "들에서 방황하고 있는데 어떤 사람이 그를 보고 물었다. '뭘 찾고 있니?'"(창세기, 37:15)

"우리 형들이랑 양떼를 찾는데 혹시 보셨나요?"(창세기, 37:16)

"그들은 이곳을 떠났다. 나는 그들이 '도단으로 가자'라고 하는 소리를 들었다. 그래서 요셉은 형들을 뒤쫓아가 도단에서 그들을 찾았다."

(창세기, 37:17)

어떤 사람. 그는 왜 하필 그 시간, 그곳에 있었을까? 하나님 손에 들려진 바둑 한 알이 아니었을까?

10/26(토)

바자회가 열렸다. 오랫동안 책 한 권을 구했지만 살 수 없었던 현규 씨. 그는 그 책을 바자회에서 득템. 《Rond the band》(제레미 클락슨). 시가 5만 원짜리 책을 단돈 1천 원에!

11/19(화)

바자회 수익금 중 천만 원을 탈북대안학교에 전하기로 결정이 되었다. 이 수익금은 학교 일로 큰 어려움을 겪어 낙심하고 있던 바로 그 순간, 학교 담당자에게 전해졌다고 한다.

우린 모두 하나님 손에 들려진 바둑 한 알이 아닐까? 세겜의 어떤 한 사람, 진희 은주 은경 미연, 영수 현규와 책 한 권. 대안학교의 담당자와 수익금까지. 하나님 손에 들려져 그날 바로 그 시간, 바로 그곳에 놓아지는 것 아닐까?

와플터치

문화 예술을 통해 좀 더 밝은 사회를 만들고 하나님의 마음을 세상에 알리려는 QT 책《와플터치》. 격월로 발간되는《WAFL》이 새로 나오면 예배 후, 설렘으로 한 권씩 안고 갔었다. 하지만 온라인 예배가 되니 아무래도《WAFL》이 남아돌곤 했다. 톡이는 그《WAFL》을 볼 때면 재소자들이 보내주는 편지가 떠올라 가슴이 먹먹해지곤 한다.

미숙아 장애로 태어나 어릴 때 부모님이 이혼했다는 한 사람. 예수님이 누구신지 모르고 살다가 교정시설에서《와플터치》를 만났다는 한 재소자의 마음이 편지에 담겨 있다.

"앞으로 저에게 남은 형기가 얼마인지 관심이 없습니다. 매일 저의 죄를 고백하면서 구주 예수님을 믿으면서 살아가보려 합니다. 함께 기도해주세요!"

"감사합니다.
어제 반갑게도 《와플터치》가 도착했습니다. 교도소 취사장
에서 일하는 관계로 빈 독방에서 생활하는데, 아무도 없는
방에 따끈한 《와플터치》가 도착해 있어서 얼마나 기쁘고 행
복했는지 모릅니다. 지난번 보내주신 《와플터치》를 통해 매
일 매일 정성으로 QT를 하고, 하나님 말씀을 어렵지 않게
접근할 수 있어서 너무 좋았는데, 다음 호는 어떡하나 걱정
하던 차에 또 다시 받아보게 되니 너무 감사하고 고맙습니
다."

"저는 마약 투약 죄로 교도소에 수감 중입니다. 구속되고 한
동안은 나오자가 된 듯한 박탈감, 내가 잃어버린 것들, 더
이상 만회하지 못하는 것에서 오는 상실감, 우울감으로 많
이 힘들었습니다. 하지만 지금의 삶과 처지를 인정하고 내
가 여기서 당장 할 수 있는 것을 찾기 시작했습니다. 그 처
음은 다름 아닌 '신앙'이었습니다. 무작정 성경을 구해 펼쳐
읽기 시작하고 기독교 종교 집회에 빠짐없이 출석하며 하나
님의 말씀을 보고 듣기 시작하였습니다. 그러던 중 같은 거

실에서 생활 중인 동료 수용자로부터《와플터치》를 우연히
얻어 보게 되었는데 하나님의 말씀을 묵상하고 공부하는 데
큰 도움이 되었습니다. "

11/1(일)
아침에 눈을 뜨니 교회에 남아 있는《WAFL》이 떠오른다.

🇹 톡이: 주님~ 교도소에《WAFL》을 좀 보내고 싶은데 어떻게 해야
할지요?

🇬 주님: ······.

(순간 교회 가족 중에 작년에 은퇴한 교도관님이 떠오른다)

🇹 톡이: 아하. 그분한테 연락해보면 방법이 있을 거라는 말씀?

주일 예배를 드리러 뛰어가니. 목사님이 설교 중에 한 재소자
의 편지를 읽어준다. 9~10월호《WAFL》을 좀 보내달라는 그 절
박한 마음을 읽어준다.

11/3(화) ✝ 〈출애굽기〉 2장 1절-10절 QT
태어난 지 석 달 된 아가 모세를 갈대상자에 담아 강물에 떠
내려 보내야 하는 엄마. 내 동생, 하나뿐인 내 아가 동생이 저렇

게 떠내려가다가 어떻게 될까……. 마음을 졸이며 멀리 서서 지켜보는 누이.

그때 마침 바로의 딸이 목욕을 하려고 강으로 내려왔으며 그녀의 시녀들은 강변을 거닐고 있었다. 공주가 갈대 사이에 있는 그 상자를 보고 시녀를 보내 그것을 가져오게 하였다. 그런데 그 상자를 열어 보니 그 속에 아이가 들어 있지 않겠는가! 아이가 울자 공주는 그를 측은하게 생각하며 "히브리 사람의 아이구나!" 하였다. (출애굽기, 2:5~6절)

결국 누이의 지혜와 민첩한 발걸음을 통해 모세는 왕궁에서 자라게 되고 엄마는 유모가 되어 아가를 양육하게 된다. 아하. 모든 일은 하나님이 준비해주시고 이루어가시는구나. 용기를 얻은 톡이. 은퇴한 교도관님한테 전화를 걸어 의논을 하니 방법을 알려준다. 한 교도소의 사회복귀과로 전화를 한 후, 기독교 담당님을 바꿔달라고 했다.

《WAFL》이 어떤 책인지를 묻고 신뢰할 수 있다고 판단한 담당님은 가능하면 매월 20일쯤에 책을 보내주면 월말에 나누어 주겠다고 하신다. 매일 교도소로 출근하는 그 발걸음이 귀하게 생각된 톡이는 담당님을 만나 식사를 나누었다.

"훗날 하나님 앞에 갈 때, 많은 스토리를 갖다 드리고 싶은
데……."

담당님의 맺음말을 들으며 톡이는 오래전에 들었던 한 목사님
의 말씀이 떠올랐다.

"교도소 안에 있는 분들은 들킨 죄인이요, 우리는 안 들킨 죄
인입니다."

오늘도 Talk Talk톡톡 QT 할까요?

초판 1쇄 발행 _ 2021년 5월 15일
개정판 1쇄 발행 _ 2024년 12월 25일

지은이 _ 임혜재
펴낸곳 _ 바이북스
펴낸이 _ 윤옥초
책임 편집 _ 김태윤
책임 디자인 _ 이민영
책임 영상 _ 고은찬

ISBN _ 979-11-5877-386-1 03230

등록 _ 2005. 7. 12 | 제 313-2005-000148호

서울시 영등포구 선유로49길 23 아이에스비즈타워2차 1005호
편집 02)333-0812 | **마케팅** 02)333-9918 | **팩스** 02)333-9960
이메일 postmaster@bybooks.co.kr
홈페이지 www.bybooks.co.kr

책값은 뒤표지에 있습니다.
책으로 아름다운 세상을 만듭니다. — 바이북스

* 바이북스 플러스는 기독교 신앙의 본질을 담아내려는 글을 선별하여 출판하는 브랜드입니다.